The Entreprer

BOOK OF A MILLION

a tool for understanding
the numbers in our lives

Table of Contents

Use This Book to Understand Numbers Greater Than One Million

Large Number in Numerals	Name of This Large Number	The Quantity of Copies of the *Book of a Million (BOM)* Needed to Illustrate This Large Number	If We Were to Stack These Copies of the *Book of a Million*, How High Would it Reach?
10,000,000	Ten Million	Ten *BOM*	~8 inches (~ ½ meter)
100,000,000	One Hundred Million	One Hundred *BOM*	~6 ¾ feet (~2 m)
1,000,000,000	One Billion	One Thousand *BOM*	~67 feet (~20 ½ m)
10,000,000,000	Ten Billion	Ten Thousand *BOM*	~667 feet (~203 m)
100,000,000,000	One Hundred Billion	One Hundred Thousand *BOM*	~6667 feet (~2032 m) ~1 ¼ miles
1,000,000,000,000	One Trillion	One Million *BOM*	~66,667 feet (~20,320 m) ~12 ½ miles

Book of a Million:
A Tool for Understanding the Numbers in Our World
Created by Kristi Govertsen for The Entrepreneur's Studio

Koi Pond Publishing, LLC
2521 Gilbert Ave.
Missoula, MT U.S.A.

ISBN: 978-0-9825110-4-6

Printed in the United States of America

☺☺☺☺☺☺☺☺☺A☺☺☺☺☺☺☺☺☺☺☺☺☺☺☺☺☺☺☺☺☺☺☺☺☺☺☺☺☺☺☺☺☺☺
☺☺☺B☺☺☺☺☺☺☺☺
☺☺
☺☺
☺☺
☺☺
☺☺
☺☺
☺☺
☺☺
☺☺
☺☺
☺☺
☺☺
☺☺
☺☺
☺☺
☺☺
☺☺☺☺☺☺☺☺☺☺☺☺☺☺☺☺☺☺☺☺☺☺☺☺☺☺☺C☺☺☺☺☺☺☺☺☺☺☺☺☺☺☺☺☺☺☺☺☺☺☺☺☺☺
☺☺
☺☺
☺☺
☺☺
☺☺
☺☺
☺☺
☺☺
☺☺
☺☺
☺☺
☺☺
☺☺
☺☺
☺☺
☺☺
☺☺
☺☺
☺☺
☺☺
☺☺
☺☺
☺☺
☺☺
☺☺
☺☺
☺☺
☺☺
☺☺
☺☺
☺☺
☺☺
☺☺

☺☺
☺☺
☺☺
☺☺
☺☺
☺☺
☺☺
☺☺
☺☺
☺☺
☺☺
☺☺
☺☺
☺☺
☺☺
☺☺
☺☺
☺☺
☺☺
☺☺
☺☺
☺☺
☺☺
☺☺
☺☺
☺☺
☺☺
☺☺
☺☺
☺☺
☺☺
☺☺
☺☺
☺☺
☺☺
☺☺
☺☺
☺☺
☺☺
☺☺
☺☺
☺☺
☺☺
☺☺
☺☺
☺☺
☺☺
☺☺
☺☺
☺☺
☺☺
☺☺
☺☺

☺☺
☺☺
☺☺
☺☺
☺☺
☺☺
☺☺
☺☺
☺☺
☺☺
☺☺
☺☺
☺☺
☺☺
☺☺
☺☺
☺☺
☺☺
☺☺
☺☺
☺☺
☺☺
☺☺
☺☺
☺☺
☺☺
☺☺
☺☺
☺☺
☺☺
☺☺
☺☺
☺☺
☺☺
☺☺
☺☺
☺☺
☺☺
☺☺
☺☺
☺☺
☺☺
☺☺
☺☺
☺☺
☺☺
☺☺
☺☺
☺☺
☺☺
☺☺
☺☺
☺☺

☺☺
☺☺
☺☺
☺☺
☺☺
☺☺
☺☺
☺☺
☺☺
☺☺
☺☺
☺☺
☺☺
☺☺
☺☺
☺☺
☺☺
☺☺
☺☺
☺☺
☺☺
☺☺
☺☺
☺☺
☺☺
☺☺
☺☺
☺☺☺☺☺☺☺☺☺D☺☺
☺☺
☺☺
☺☺
☺☺
☺☺
☺☺
☺☺
☺☺
☺☺
☺☺
☺☺
☺☺
☺☺
☺☺
☺☺
☺☺
☺☺
☺☺
☺☺
☺☺
☺☺
☺☺
☺☺
☺☺

☺☺
☺☺
☺☺
☺☺
☺☺
☺☺
☺☺
☺☺
☺☺
☺☺
☺☺
☺☺
☺☺
☺☺
☺☺
☺☺
☺☺
☺☺
☺☺
☺☺
☺☺
☺☺
☺☺
☺☺
☺☺
☺☺
☺☺
☺☺
☺☺
☺☺
☺☺
☺☺
☺☺
☺☺
☺☺
☺☺
☺☺
☺☺
☺☺
☺☺
☺☺
☺☺
☺☺
☺☺
☺☺
☺☺
☺☺
☺☺
☺☺
☺☺
☺☺
☺☺
☺☺

☺☺
☺☺
☺☺
☺☺
☺☺
☺☺
☺☺
☺☺
☺☺
☺☺
☺☺
☺☺
☺☺
☺☺
☺☺
☺☺
☺☺
☺☺
☺☺
☺☺
☺☺
☺☺
☺☺
☺☺
☺☺
☺☺
☺☺
☺☺
☺☺
☺☺
☺☺
☺☺
☺☺
☺☺
☺☺
☺☺
☺☺
☺☺
☺☺
☺☺
☺☺
☺☺
☺☺
☺☺
☺☺
☺☺
☺☺
☺☺
☺☺
☺☺
☺☺
☺☺
☺☺
☺☺
☺☺
☺☺
☺☺
☺☺
☺☺
☺☺

☺☺☺
☺☺☺
☺☺☺
☺☺☺
☺☺☺
☺☺☺
☺☺☺
☺☺☺
☺☺☺
☺☺☺
☺☺☺
☺☺☺
☺☺☺
☺☺☺
☺☺☺
☺☺☺
☺☺☺
☺☺☺
☺☺☺
☺☺☺
☺☺☺
☺☺☺
☺☺☺
☺☺☺
☺☺☺
☺☺☺
☺☺☺
☺☺☺
☺☺☺
☺☺☺
☺☺☺
☺☺☺
☺☺☺
☺☺☺
☺☺☺
☺☺☺
☺☺☺
☺☺☺
☺☺☺
☺☺☺
☺☺☺
☺☺☺
☺☺☺
☺☺☺
☺☺☺
☺☺☺
☺☺☺
☺☺☺
☺☺☺
☺☺☺
☺☺☺
☺☺☺

☺☺
☺☺
☺☺
☺☺
☺☺
☺☺
☺☺
☺☺
☺☺
☺☺
☺☺
☺☺
☺☺
☺☺
☺☺
☺☺
☺☺
☺☺
☺☺
☺☺
☺☺
☺☺
☺☺
☺☺
☺☺
☺☺
☺☺
☺☺
☺☺
☺☺
☺☺
☺☺
☺☺
☺☺
☺☺
☺☺
☺☺
☺☺
☺☺
☺☺
☺☺
☺☺
☺☺
☺☺
☺☺
☺☺
☺☺
☺☺
☺☺
☺☺
☺☺
☺☺
☺☺
☺☺
☺☺

☺☺
☺☺
☺☺
☺☺
☺☺
☺☺
☺☺
☺☺
☺☺
☺☺
☺☺
☺☺
☺☺
☺☺
☺☺
☺☺
☺☺
☺☺
☺☺
☺☺
☺☺
☺☺
☺☺
☺☺
☺☺
☺☺
☺☺
☺☺
☺☺
☺☺
☺☺
☺☺
☺☺
☺☺
☺☺
☺☺
☺☺
☺☺
☺☺
☺☺
☺☺
☺☺
☺☺
☺☺
☺☺
☺☺
☺☺
☺☺
☺☺
☺☺
☺☺
☺☺
☺☺

☺☺
☺☺
☺☺
☺☺
☺☺
☺☺
☺☺
☺☺
☺☺
☺☺
☺☺
☺☺
☺☺
☺☺
☺☺
☺☺
☺☺
☺☺
☺☺
☺☺
☺☺
☺☺
☺☺
☺☺
☺☺
☺☺
☺☺
☺☺
☺☺
☺☺
☺☺
☺☺
☺☺
☺☺
☺☺
☺☺
☺☺
☺☺
☺☺
☺☺
☺☺
☺☺
☺☺
☺☺
☺☺
☺☺
☺☺
☺☺
☺☺
☺☺
☺☺
☺☺
☺☺

☺☺☺
☺☺☺
☺☺☺
☺☺☺
☺☺☺
☺☺☺
☺☺☺
☺☺☺
☺☺☺
☺☺☺
☺☺☺
☺☺☺
☺☺☺
☺☺☺
☺☺☺
☺☺☺
☺☺☺
☺☺☺
☺☺☺
☺☺☺
☺☺☺
☺☺☺
☺☺☺
☺☺☺
☺☺☺
☺☺☺
☺☺☺
☺☺☺
☺☺☺
☺☺☺
☺☺☺
☺☺☺
☺☺☺
☺☺☺
☺☺☺
☺☺☺
☺☺☺
☺☺☺
☺☺☺
☺☺☺
☺☺☺
☺☺☺
☺☺☺
☺☺☺
☺☺☺
☺☺☺
☺☺☺
☺☺☺
☺☺☺
☺☺☺
☺☺☺
☺☺☺
☺☺☺

☺☺
☺☺
☺☺
☺☺
☺☺
☺☺
☺☺
☺☺
☺☺
☺☺
☺☺
☺☺
☺☺
☺☺
☺☺
☺☺
☺☺
☺☺
☺☺
☺☺
☺☺
☺☺
☺☺
☺☺
☺☺
☺☺
☺☺
☺☺
☺☺
☺☺
☺☺
☺☺
☺☺
☺☺
☺☺
☺☺
☺☺
☺☺
☺☺
☺☺
☺☺
☺☺
☺☺
☺☺
☺☺
☺☺
☺☺
☺☺
☺☺
☺☺
☺☺
☺☺
☺☺

☺☺☺
☺☺☺
☺☺☺
☺☺☺
☺☺☺
☺☺☺
☺☺☺
☺☺☺
☺☺☺
☺☺☺
☺☺☺
☺☺☺
☺☺☺
☺☺☺
☺☺☺
☺☺☺
☺☺☺
☺☺☺
☺☺☺
☺☺☺
☺☺☺
☺☺☺
☺☺☺
☺☺☺
☺☺☺
☺☺☺
☺☺☺
☺☺☺
☺☺☺
☺☺☺
☺☺☺
☺☺☺
☺☺☺
☺☺☺
☺☺☺
☺☺☺
☺☺☺
☺☺☺
☺☺☺
☺☺☺
☺☺☺
☺☺☺
☺☺☺
☺☺☺
☺☺☺
☺☺☺
☺☺☺
☺☺☺
☺☺☺
☺☺☺
☺☺☺
☺☺☺
☺☺☺

☺☺
☺☺
☺☺
☺☺
☺☺
☺☺
☺☺
☺☺
☺☺
☺☺
☺☺
☺☺
☺☺
☺☺
☺☺
☺☺
☺☺
☺☺
☺☺
☺☺
☺☺
☺☺
☺☺
☺☺
☺☺
☺☺
☺☺
☺☺
☺☺
☺☺
☺☺
☺☺
☺☺
☺☺
☺☺
☺☺
☺☺
☺☺
☺☺
☺☺
☺☺
☺☺
☺☺
☺☺
☺☺
☺☺
☺☺
☺☺
☺☺
☺☺
☺☺
☺☺
☺☺

☺☺
☺☺
☺☺
☺☺
☺☺
☺☺
☺☺
☺☺
☺☺
☺☺
☺☺
☺☺
☺☺
☺☺
☺☺
☺☺
☺☺
☺☺
☺☺
☺☺
☺☺
☺☺
☺☺
☺☺
☺☺
☺☺
☺☺
☺☺
☺☺
☺☺
☺☺
☺☺
☺☺
☺☺
☺☺
☺☺
☺☺
☺☺
☺☺
☺☺
☺☺
☺☺
☺☺
☺☺
☺☺
☺☺
☺☺
☺☺
☺☺
☺☺
☺☺
☺☺
☺☺

☺☺
☺☺
☺☺
☺☺
☺☺
☺☺
☺☺
☺☺
☺☺
☺☺
☺☺
☺☺
☺☺
☺☺
☺☺
☺☺
☺☺
☺☺
☺☺
☺☺
☺☺
☺☺
☺☺
☺☺
☺☺
☺☺
☺☺
☺☺
☺☺
☺☺
☺☺
☺☺
☺☺
☺☺
☺☺
☺☺
☺☺
☺☺
☺☺
☺☺
☺☺
☺☺
☺☺
☺☺
☺☺
☺☺
☺☺
☺☺
☺☺
☺☺
☺☺
☺☺
☺☺

☺☺
☺☺
☺☺
☺☺
☺☺
☺☺
☺☺
☺☺
☺☺
☺☺
☺☺
☺☺
☺☺
☺☺
☺☺
☺☺
☺☺
☺☺
☺☺
☺☺
☺☺
☺☺
☺☺
☺☺
☺☺
☺☺
☺☺
☺☺
☺☺
☺☺
☺☺
☺☺
☺☺
☺☺
☺☺
☺☺
☺☺
☺☺
☺☺
☺☺
☺☺
☺☺
☺☺
☺☺
☺☺
☺☺
☺☺
☺☺
☺☺
☺☺
☺☺
☺☺
☺☺

☺☺
☺☺
☺☺
☺☺
☺☺
☺☺
☺☺
☺☺
☺☺
☺☺
☺☺
☺☺
☺☺
☺☺
☺☺
☺☺
☺☺
☺☺
☺☺
☺☺
☺☺
☺☺
☺☺
☺☺
☺☺
☺☺
☺☺
☺☺
☺☺
☺☺
☺☺
☺☺
☺☺
☺☺
☺☺
☺☺
☺☺
☺☺
☺☺
☺☺
☺☺
☺☺
☺☺
☺☺
☺☺
☺☺
☺☺
☺☺
☺☺
☺☺
☺☺
☺☺
☺☺

☺☺
☺☺
☺☺
☺☺
☺☺
☺☺
☺☺
☺☺
☺☺
☺☺
☺☺
☺☺
☺☺
☺☺
☺☺
☺☺
☺☺
☺☺
☺☺
☺☺
☺☺
☺☺
☺☺
☺☺
☺☺
☺☺
☺☺
☺☺
☺☺
☺☺
☺☺
☺☺
☺☺
☺☺
☺☺
☺☺
☺☺
☺☺
☺☺
☺☺
☺☺
☺☺
☺☺
☺☺
☺☺
☺☺
☺☺
☺☺
☺☺
☺☺
☺☺
☺☺
☺☺

☺☺
☺☺
☺☺
☺☺
☺☺
☺☺
☺☺
☺☺
☺☺
☺☺
☺☺
☺☺
☺☺
☺☺
☺☺
☺☺
☺☺
☺☺
☺☺
☺☺
☺☺
☺☺
☺☺
☺☺
☺☺
☺☺
☺☺
☺☺
☺☺
☺☺
☺☺
☺☺
☺☺
☺☺
☺☺
☺☺
☺☺
☺☺
☺☺
☺☺
☺☺
☺☺
☺☺
☺☺
☺☺
☺☺
☺☺
☺☺
☺☺
☺☺
☺☺
☺☺
☺☺

☺☺
☺☺
☺☺
☺☺
☺☺
☺☺
☺☺
☺☺
☺☺
☺☺
☺☺
☺☺
☺☺
☺☺
☺☺
☺☺
☺☺
☺☺
☺☺
☺☺
☺☺
☺☺
☺☺
☺☺
☺☺
☺☺
☺☺
☺☺
☺☺
☺☺
☺☺
☺☺
☺☺
☺☺
☺☺
☺☺
☺☺
☺☺
☺☺
☺☺
☺☺
☺☺
☺☺
☺☺
☺☺
☺☺
☺☺
☺☺
☺☺
☺☺
☺☺
☺☺
☺☺
☺☺
☺☺

☺☺
☺☺
☺☺
☺☺
☺☺
☺☺
☺☺
☺☺
☺☺
☺☺
☺☺
☺☺
☺☺
☺☺
☺☺
☺☺
☺☺
☺☺
☺☺
☺☺
☺☺
☺☺
☺☺
☺☺
☺☺
☺☺
☺☺
☺☺
☺☺
☺☺
☺☺
☺☺
☺☺
☺☺
☺☺
☺☺
☺☺
☺☺
☺☺
☺☺
☺☺
☺☺
☺☺
☺☺
☺☺
☺☺
☺☺
☺☺
☺☺
☺☺
☺☺
☺☺
☺☺

☺☺
☺☺
☺☺
☺☺
☺☺
☺☺
☺☺
☺☺
☺☺
☺☺
☺☺
☺☺
☺☺
☺☺
☺☺
☺☺
☺☺
☺☺
☺☺
☺☺
☺☺
☺☺
☺☺
☺☺
☺☺
☺☺
☺☺
☺☺
☺☺
☺☺
☺☺
☺☺
☺☺
☺☺
☺☺
☺☺
☺☺
☺☺
☺☺
☺☺
☺☺
☺☺
☺☺
☺☺
☺☺
☺☺
☺☺
☺☺
☺☺
☺☺
☺☺
☺☺
☺☺

☺☺
☺☺
☺☺
☺☺
☺☺
☺☺
☺☺
☺☺
☺☺
☺☺
☺☺
☺☺
☺☺
☺☺
☺☺
☺☺
☺☺
☺☺
☺☺
☺☺
☺☺
☺☺
☺☺
☺☺
☺☺
☺☺
☺☺
☺☺
☺☺
☺☺
☺☺
☺☺
☺☺
☺☺
☺☺
☺☺
☺☺
☺☺
☺☺
☺☺
☺☺
☺☺
☺☺
☺☺
☺☺
☺☺
☺☺
☺☺
☺☺
☺☺
☺☺
☺☺
☺☺

☺☺
☺☺
☺☺
☺☺
☺☺
☺☺
☺☺
☺☺
☺☺
☺☺
☺☺
☺☺
☺☺
☺☺
☺☺
☺☺
☺☺
☺☺
☺☺
☺☺
☺☺
☺☺
☺☺
☺☺
☺☺
☺☺
☺☺
☺☺
☺☺
☺☺
☺☺
☺☺
☺☺
☺☺
☺☺
☺☺
☺☺
☺☺
☺☺
☺☺
☺☺
☺☺
☺☺
☺☺
☺☺
☺☺
☺☺
☺☺
☺☺
☺☺
☺☺
☺☺
☺☺
☺☺

☺☺
☺☺
☺☺
☺☺
☺☺
☺☺
☺☺
☺☺
☺☺
☺☺
☺☺
☺☺
☺☺
☺☺
☺☺
☺☺
☺☺
☺☺
☺☺
☺☺
☺☺
☺☺
☺☺
☺☺
☺☺
☺☺
☺☺
☺☺
☺☺
☺☺
☺☺
☺☺
☺☺
☺☺
☺☺
☺☺
☺☺
☺☺
☺☺
☺☺
☺☺
☺☺
☺☺
☺☺
☺☺
☺☺
☺☺
☺☺
☺☺
☺☺
☺☺
☺☺
☺☺

☺☺☺
☺☺☺
☺☺☺
☺☺☺
☺☺☺
☺☺☺
☺☺☺
☺☺☺
☺☺☺
☺☺☺
☺☺☺
☺☺☺
☺☺☺
☺☺☺
☺☺☺
☺☺☺
☺☺☺
☺☺☺
☺☺☺
☺☺☺
☺☺☺
☺☺☺
☺☺☺
☺☺☺
☺☺☺
☺☺☺
☺☺☺
☺☺☺
☺☺☺
☺☺☺
☺☺☺
☺☺☺
☺☺☺
☺☺☺
☺☺☺
☺☺☺
☺☺☺
☺☺☺
☺☺☺
☺☺☺
☺☺☺
☺☺☺
☺☺☺
☺☺☺
☺☺☺
☺☺☺
☺☺☺
☺☺☺
☺☺☺
☺☺☺
☺☺☺
☺☺☺
☺☺☺

☺☺
☺☺
☺☺
☺☺
☺☺
☺☺
☺☺
☺☺
☺☺
☺☺
☺☺
☺☺
☺☺
☺☺
☺☺
☺☺
☺☺
☺☺
☺☺
☺☺
☺☺
☺☺
☺☺
☺☺
☺☺
☺☺
☺☺
☺☺
☺☺
☺☺
☺☺
☺☺
☺☺
☺☺
☺☺
☺☺
☺☺
☺☺
☺☺
☺☺
☺☺
☺☺
☺☺
☺☺
☺☺
☺☺
☺☺
☺☺
☺☺
☺☺
☺☺
☺☺
☺☺

☺☺
☺☺
☺☺
☺☺
☺☺
☺☺
☺☺
☺☺
☺☺
☺☺
☺☺
☺☺
☺☺
☺☺
☺☺
☺☺
☺☺
☺☺
☺☺
☺☺
☺☺
☺☺
☺☺
☺☺
☺☺
☺☺
☺☺
☺☺
☺☺
☺☺
☺☺
☺☺
☺☺
☺☺
☺☺
☺☺
☺☺
☺☺
☺☺
☺☺
☺☺
☺☺
☺☺
☺☺
☺☺
☺☺
☺☺
☺☺
☺☺
☺☺
☺☺
☺☺
☺☺

☺☺
☺☺
☺☺
☺☺
☺☺
☺☺
☺☺
☺☺
☺☺
☺☺
☺☺
☺☺
☺☺
☺☺
☺☺
☺☺
☺☺
☺☺
☺☺
☺☺
☺☺
☺☺
☺☺
☺☺
☺☺
☺☺
☺☺
☺☺
☺☺
☺☺
☺☺
☺☺
☺☺
☺☺
☺☺
☺☺
☺☺
☺☺
☺☺
☺☺
☺☺
☺☺
☺☺
☺☺
☺☺
☺☺
☺☺
☺☺
☺☺
☺☺
☺☺
☺☺
☺☺

☺☺
☺☺
☺☺
☺☺
☺☺
☺☺
☺☺
☺☺
☺☺
☺☺
☺☺
☺☺
☺☺
☺☺
☺☺
☺☺
☺☺
☺☺
☺☺
☺☺
☺☺
☺☺
☺☺
☺☺
☺☺
☺☺
☺☺
☺☺
☺☺
☺☺
☺☺
☺☺
☺☺
☺☺
☺☺
☺☺
☺☺
☺☺
☺☺
☺☺
☺☺
☺☺
☺☺
☺☺
☺☺
☺☺
☺☺
☺☺
☺☺
☺☺
☺☺
☺☺
☺☺

☺☺
☺☺
☺☺
☺☺
☺☺
☺☺
☺☺
☺☺
☺☺
☺☺
☺☺
☺☺
☺☺
☺☺
☺☺
☺☺
☺☺
☺☺
☺☺
☺☺
☺☺
☺☺
☺☺
☺☺
☺☺
☺☺
☺☺
☺☺
☺☺
☺☺
☺☺
☺☺
☺☺
☺☺
☺☺
☺☺
☺☺
☺☺
☺☺
☺☺
☺☺
☺☺
☺☺
☺☺
☺☺
☺☺
☺☺
☺☺
☺☺
☺☺
☺☺
☺☺
☺☺

☺☺
☺☺
☺☺
☺☺
☺☺
☺☺
☺☺
☺☺
☺☺
☺☺
☺☺
☺☺
☺☺
☺☺
☺☺
☺☺
☺☺
☺☺
☺☺
☺☺
☺☺
☺☺
☺☺
☺☺
☺☺
☺☺
☺☺
☺☺
☺☺
☺☺
☺☺
☺☺
☺☺
☺☺
☺☺
☺☺
☺☺
☺☺
☺☺
☺☺
☺☺
☺☺
☺☺
☺☺
☺☺
☺☺
☺☺
☺☺
☺☺
☺☺
☺☺
☺☺
☺☺

☺☺
☺☺
☺☺
☺☺
☺☺
☺☺
☺☺
☺☺
☺☺
☺☺
☺☺
☺☺
☺☺
☺☺
☺☺
☺☺
☺☺
☺☺
☺☺
☺☺
☺☺
☺☺
☺☺
☺☺
☺☺
☺☺
☺☺
☺☺
☺☺
☺☺
☺☺
☺☺
☺☺
☺☺
☺☺
☺☺
☺☺
☺☺
☺☺
☺☺
☺☺
☺☺
☺☺
☺☺
☺☺
☺☺
☺☺
☺☺
☺☺
☺☺
☺☺
☺☺E☺☺☺☺☺☺☺☺

☺☺
☺☺
☺☺
☺☺
☺☺
☺☺
☺☺
☺☺
☺☺
☺☺
☺☺
☺☺
☺☺
☺☺
☺☺
☺☺
☺☺
☺☺
☺☺
☺☺
☺☺
☺☺
☺☺
☺☺
☺☺
☺☺
☺☺
☺☺
☺☺
☺☺
☺☺
☺☺
☺☺
☺☺
☺☺
☺☺
☺☺
☺☺
☺☺
☺☺
☺☺
☺☺
☺☺
☺☺
☺☺
☺☺
☺☺
☺☺
☺☺
☺☺
☺☺
☺☺
☺☺

☺☺
☺☺
☺☺
☺☺
☺☺
☺☺
☺☺
☺☺
☺☺
☺☺
☺☺
☺☺
☺☺
☺☺
☺☺
☺☺
☺☺
☺☺
☺☺
☺☺
☺☺
☺☺
☺☺
☺☺
☺☺
☺☺
☺☺
☺☺
☺☺
☺☺
☺☺
☺☺
☺☺
☺☺
☺☺
☺☺
☺☺
☺☺
☺☺
☺☺
☺☺
☺☺
☺☺
☺☺
☺☺
☺☺
☺☺
☺☺
☺☺
☺☺
☺☺
☺☺
☺☺

☺☺
☺☺
☺☺
☺☺
☺☺
☺☺
☺☺
☺☺
☺☺
☺☺
☺☺
☺☺
☺☺
☺☺
☺☺
☺☺
☺☺
☺☺
☺☺
☺☺
☺☺
☺☺
☺☺
☺☺
☺☺
☺☺
☺☺
☺☺
☺☺
☺☺
☺☺
☺☺
☺☺
☺☺
☺☺
☺☺
☺☺
☺☺
☺☺
☺☺
☺☺
☺☺
☺☺
☺☺
☺☺
☺☺
☺☺
☺☺
☺☺
☺☺
☺☺
☺☺
☺☺

☺☺
☺☺
☺☺
☺☺
☺☺
☺☺
☺☺
☺☺
☺☺
☺☺
☺☺
☺☺
☺☺
☺☺
☺☺
☺☺
☺☺
☺☺
☺☺
☺☺
☺☺
☺☺
☺☺
☺☺
☺☺
☺☺
☺☺
☺☺
☺☺
☺☺
☺☺
☺☺
☺☺
☺☺
☺☺
☺☺
☺☺
☺☺
☺☺
☺☺
☺☺
☺☺
☺☺
☺☺
☺☺
☺☺
☺☺
☺☺
☺☺
☺☺
☺☺
☺☺
☺☺

☺☺
☺☺
☺☺
☺☺
☺☺
☺☺
☺☺
☺☺
☺☺
☺☺
☺☺
☺☺
☺☺
☺☺
☺☺
☺☺
☺☺
☺☺
☺☺
☺☺
☺☺
☺☺
☺☺
☺☺
☺☺
☺☺
☺☺
☺☺
☺☺
☺☺
☺☺
☺☺
☺☺
☺☺
☺☺
☺☺
☺☺
☺☺
☺☺
☺☺
☺☺
☺☺
☺☺
☺☺
☺☺
☺☺
☺☺
☺☺
☺☺
☺☺
☺☺
☺☺
☺☺

☺☺
☺☺
☺☺
☺☺
☺☺
☺☺
☺☺
☺☺
☺☺
☺☺
☺☺
☺☺
☺☺
☺☺
☺☺
☺☺
☺☺
☺☺
☺☺
☺☺
☺☺
☺☺
☺☺
☺☺
☺☺
☺☺
☺☺
☺☺
☺☺
☺☺
☺☺
☺☺
☺☺
☺☺
☺☺
☺☺
☺☺
☺☺
☺☺
☺☺
☺☺
☺☺
☺☺
☺☺
☺☺
☺☺
☺☺
☺☺
☺☺
☺☺
☺☺
☺☺
☺☺
☺☺
☺☺

☺☺
☺☺
☺☺
☺☺
☺☺
☺☺
☺☺
☺☺
☺☺
☺☺
☺☺
☺☺
☺☺
☺☺
☺☺
☺☺
☺☺
☺☺
☺☺
☺☺
☺☺
☺☺
☺☺
☺☺
☺☺
☺☺
☺☺
☺☺
☺☺
☺☺
☺☺
☺☺
☺☺
☺☺
☺☺
☺☺
☺☺
☺☺
☺☺
☺☺
☺☺
☺☺
☺☺
☺☺
☺☺
☺☺
☺☺
☺☺
☺☺
☺☺
☺☺
☺☺
☺☺

☺☺
☺☺
☺☺
☺☺
☺☺
☺☺
☺☺
☺☺
☺☺
☺☺
☺☺
☺☺
☺☺
☺☺
☺☺
☺☺
☺☺
☺☺
☺☺
☺☺
☺☺
☺☺
☺☺
☺☺
☺☺
☺☺
☺☺
☺☺
☺☺
☺☺
☺☺
☺☺
☺☺
☺☺
☺☺
☺☺
☺☺
☺☺
☺☺
☺☺
☺☺
☺☺
☺☺
☺☺
☺☺
☺☺
☺☺
☺☺
☺☺
☺☺
☺☺
☺☺
☺☺

☺☺☺
☺☺☺
☺☺☺
☺☺☺
☺☺☺
☺☺☺
☺☺☺
☺☺☺
☺☺☺
☺☺☺
☺☺☺
☺☺☺
☺☺☺
☺☺☺
☺☺☺
☺☺☺
☺☺☺
☺☺☺
☺☺☺
☺☺☺
☺☺☺
☺☺☺
☺☺☺
☺☺☺
☺☺☺
☺☺☺
☺☺☺
☺☺☺
☺☺☺
☺☺☺
☺☺☺
☺☺☺
☺☺☺
☺☺☺
☺☺☺
☺☺☺
☺☺☺
☺☺☺
☺☺☺
☺☺☺
☺☺☺
☺☺☺
☺☺☺
☺☺☺
☺☺☺
☺☺☺
☺☺☺
☺☺☺
☺☺☺
☺☺☺
☺☺☺
☺☺☺
☺☺☺

☺☺
☺☺
☺☺
☺☺
☺☺
☺☺
☺☺
☺☺
☺☺
☺☺
☺☺
☺☺
☺☺
☺☺
☺☺
☺☺
☺☺
☺☺
☺☺
☺☺
☺☺
☺☺
☺☺
☺☺
☺☺
☺☺
☺☺
☺☺
☺☺
☺☺
☺☺
☺☺
☺☺
☺☺
☺☺
☺☺
☺☺
☺☺
☺☺
☺☺
☺☺
☺☺
☺☺
☺☺
☺☺
☺☺
☺☺
☺☺
☺☺
☺☺
☺☺
☺☺
☺☺

☺☺
☺☺
☺☺
☺☺
☺☺
☺☺
☺☺
☺☺
☺☺
☺☺
☺☺
☺☺
☺☺
☺☺
☺☺
☺☺
☺☺
☺☺
☺☺
☺☺
☺☺
☺☺
☺☺
☺☺
☺☺
☺☺
☺☺
☺☺
☺☺
☺☺
☺☺
☺☺
☺☺
☺☺
☺☺
☺☺
☺☺
☺☺
☺☺
☺☺
☺☺
☺☺
☺☺
☺☺
☺☺
☺☺
☺☺
☺☺
☺☺
☺☺
☺☺
☺☺
☺☺
☺☺
☺☺
☺☺
☺☺
☺☺

☺☺
☺☺
☺☺
☺☺
☺☺
☺☺
☺☺
☺☺
☺☺
☺☺
☺☺
☺☺
☺☺
☺☺
☺☺
☺☺
☺☺
☺☺
☺☺
☺☺
☺☺
☺☺
☺☺
☺☺
☺☺
☺☺
☺☺
☺☺
☺☺
☺☺
☺☺
☺☺
☺☺
☺☺
☺☺
☺☺
☺☺
☺☺
☺☺
☺☺
☺☺
☺☺
☺☺
☺☺
☺☺
☺☺
☺☺
☺☺
☺☺
☺☺
☺☺
☺☺
☺☺

☺☺
☺☺
☺☺
☺☺
☺☺
☺☺
☺☺
☺☺
☺☺
☺☺
☺☺
☺☺
☺☺
☺☺
☺☺
☺☺
☺☺
☺☺
☺☺
☺☺
☺☺
☺☺
☺☺
☺☺
☺☺
☺☺
☺☺
☺☺
☺☺
☺☺
☺☺
☺☺
☺☺
☺☺
☺☺
☺☺
☺☺
☺☺
☺☺
☺☺
☺☺
☺☺
☺☺
☺☺
☺☺
☺☺
☺☺
☺☺
☺☺
☺☺
☺☺
☺☺
☺☺

☺☺
☺☺
☺☺
☺☺
☺☺
☺☺
☺☺
☺☺
☺☺
☺☺
☺☺
☺☺
☺☺
☺☺
☺☺
☺☺
☺☺
☺☺
☺☺
☺☺
☺☺
☺☺
☺☺
☺☺
☺☺
☺☺
☺☺
☺☺
☺☺
☺☺
☺☺
☺☺
☺☺
☺☺
☺☺
☺☺
☺☺
☺☺
☺☺
☺☺
☺☺
☺☺
☺☺
☺☺
☺☺
☺☺
☺☺
☺☺
☺☺
☺☺
☺☺
☺☺
☺☺

☺☺
☺☺
☺☺
☺☺
☺☺
☺☺
☺☺
☺☺
☺☺
☺☺
☺☺
☺☺
☺☺
☺☺
☺☺
☺☺
☺☺
☺☺
☺☺
☺☺
☺☺
☺☺
☺☺
☺☺
☺☺
☺☺
☺☺
☺☺
☺☺
☺☺
☺☺
☺☺
☺☺
☺☺
☺☺
☺☺
☺☺
☺☺
☺☺
☺☺
☺☺
☺☺
☺☺
☺☺
☺☺
☺☺
☺☺
☺☺
☺☺
☺☺
☺☺
☺☺
☺☺

☺☺
☺☺
☺☺
☺☺
☺☺
☺☺
☺☺
☺☺
☺☺
☺☺
☺☺
☺☺
☺☺
☺☺
☺☺
☺☺
☺☺
☺☺
☺☺
☺☺
☺☺
☺☺
☺☺
☺☺
☺☺
☺☺
☺☺
☺☺
☺☺
☺☺
☺☺
☺☺
☺☺
☺☺
☺☺
☺☺
☺☺
☺☺
☺☺
☺☺
☺☺
☺☺
☺☺
☺☺
☺☺
☺☺
☺☺
☺☺
☺☺
☺☺
☺☺
☺☺
☺☺

☺☺☺
☺☺☺
☺☺☺
☺☺☺
☺☺☺
☺☺☺
☺☺☺
☺☺☺
☺☺☺
☺☺☺
☺☺☺
☺☺☺
☺☺☺
☺☺☺
☺☺☺
☺☺☺
☺☺☺
☺☺☺
☺☺☺
☺☺☺
☺☺☺
☺☺☺
☺☺☺
☺☺☺
☺☺☺
☺☺☺
☺☺☺
☺☺☺
☺☺☺
☺☺☺
☺☺☺
☺☺☺
☺☺☺
☺☺☺
☺☺☺
☺☺☺
☺☺☺
☺☺☺
☺☺☺
☺☺☺
☺☺☺
☺☺☺
☺☺☺
☺☺☺
☺☺☺
☺☺☺
☺☺☺
☺☺☺
☺☺☺
☺☺☺
☺☺☺
☺☺☺
☺☺☺

☺☺
☺☺
☺☺
☺☺
☺☺
☺☺
☺☺
☺☺
☺☺
☺☺
☺☺
☺☺
☺☺
☺☺
☺☺
☺☺
☺☺
☺☺
☺☺
☺☺
☺☺
☺☺
☺☺
☺☺
☺☺
☺☺
☺☺
☺☺
☺☺
☺☺
☺☺
☺☺
☺☺
☺☺
☺☺
☺☺
☺☺
☺☺
☺☺
☺☺
☺☺
☺☺
☺☺
☺☺
☺☺
☺☺
☺☺
☺☺
☺☺
☺☺
☺☺
☺☺
☺☺

☺☺
☺☺
☺☺
☺☺
☺☺
☺☺
☺☺
☺☺
☺☺
☺☺
☺☺
☺☺
☺☺
☺☺
☺☺
☺☺
☺☺
☺☺
☺☺
☺☺
☺☺
☺☺
☺☺
☺☺
☺☺
☺☺
☺☺
☺☺
☺☺
☺☺
☺☺
☺☺
☺☺
☺☺
☺☺
☺☺
☺☺
☺☺
☺☺
☺☺
☺☺
☺☺
☺☺
☺☺
☺☺
☺☺
☺☺
☺☺
☺☺
☺☺
☺☺
☺☺
☺☺

☺☺
☺☺
☺☺
☺☺
☺☺
☺☺
☺☺
☺☺
☺☺
☺☺
☺☺
☺☺
☺☺
☺☺
☺☺
☺☺
☺☺
☺☺
☺☺
☺☺
☺☺
☺☺
☺☺
☺☺
☺☺
☺☺
☺☺
☺☺
☺☺
☺☺
☺☺
☺☺
☺☺
☺☺
☺☺
☺☺
☺☺
☺☺
☺☺
☺☺
☺☺
☺☺
☺☺
☺☺
☺☺
☺☺
☺☺
☺☺
☺☺
☺☺
☺☺
☺☺
☺☺

☺☺☺
☺☺☺
☺☺☺
☺☺☺
☺☺☺
☺☺☺
☺☺☺
☺☺☺
☺☺☺
☺☺☺
☺☺☺
☺☺☺
☺☺☺
☺☺☺
☺☺☺
☺☺☺
☺☺☺
☺☺☺
☺☺☺
☺☺☺
☺☺☺
☺☺☺
☺☺☺
☺☺☺
☺☺☺
☺☺☺
☺☺☺
☺☺☺
☺☺☺
☺☺☺
☺☺☺
☺☺☺
☺☺☺
☺☺☺
☺☺☺
☺☺☺
☺☺☺
☺☺☺
☺☺☺
☺☺☺
☺☺☺
☺☺☺
☺☺☺
☺☺☺
☺☺☺
☺☺☺
☺☺☺
☺☺☺
☺☺☺
☺☺☺
☺☺☺
☺☺☺
☺☺☺
☺☺☺

☺☺☺
☺☺☺
☺☺☺
☺☺☺
☺☺☺
☺☺☺
☺☺☺
☺☺☺
☺☺☺
☺☺☺
☺☺☺
☺☺☺
☺☺☺
☺☺☺
☺☺☺
☺☺☺
☺☺☺
☺☺☺
☺☺☺
☺☺☺
☺☺☺
☺☺☺
☺☺☺
☺☺☺
☺☺☺
☺☺☺
☺☺☺
☺☺☺
☺☺☺
☺☺☺
☺☺☺
☺☺☺
☺☺☺
☺☺☺
☺☺☺
☺☺☺
☺☺☺
☺☺☺
☺☺☺
☺☺☺
☺☺☺
☺☺☺
☺☺☺
☺☺☺
☺☺☺
☺☺☺
☺☺☺
☺☺☺
☺☺☺
☺☺☺
☺☺☺
☺☺☺
☺☺☺

☺☺
☺☺
☺☺
☺☺
☺☺
☺☺
☺☺
☺☺
☺☺
☺☺
☺☺
☺☺
☺☺
☺☺
☺☺
☺☺
☺☺
☺☺
☺☺
☺☺
☺☺
☺☺
☺☺
☺☺
☺☺
☺☺
☺☺
☺☺
☺☺
☺☺
☺☺
☺☺
☺☺
☺☺
☺☺
☺☺
☺☺
☺☺
☺☺
☺☺
☺☺
☺☺
☺☺
☺☺
☺☺
☺☺
☺☺
☺☺
☺☺
☺☺
☺☺
☺☺
☺☺

☺☺☺
☺☺☺
☺☺☺
☺☺☺
☺☺☺
☺☺☺
☺☺☺
☺☺☺
☺☺☺
☺☺☺
☺☺☺
☺☺☺
☺☺☺
☺☺☺
☺☺☺
☺☺☺
☺☺☺
☺☺☺
☺☺☺
☺☺☺
☺☺☺
☺☺☺
☺☺☺
☺☺☺
☺☺☺
☺☺☺
☺☺☺
☺☺☺
☺☺☺
☺☺☺
☺☺☺
☺☺☺
☺☺☺
☺☺☺
☺☺☺
☺☺☺
☺☺☺
☺☺☺
☺☺☺
☺☺☺
☺☺☺
☺☺☺
☺☺☺
☺☺☺
☺☺☺
☺☺☺
☺☺☺
☺☺☺
☺☺☺
☺☺☺
☺☺☺
☺☺☺
☺☺☺

☺☺
☺☺
☺☺
☺☺
☺☺
☺☺
☺☺
☺☺
☺☺
☺☺
☺☺
☺☺
☺☺
☺☺
☺☺
☺☺
☺☺
☺☺
☺☺
☺☺
☺☺
☺☺
☺☺
☺☺
☺☺
☺☺
☺☺
☺☺
☺☺
☺☺
☺☺
☺☺
☺☺
☺☺
☺☺
☺☺
☺☺
☺☺
☺☺
☺☺
☺☺
☺☺
☺☺
☺☺
☺☺
☺☺
☺☺
☺☺
☺☺
☺☺
☺☺
☺☺
☺☺

☺☺
☺☺
☺☺
☺☺
☺☺
☺☺
☺☺
☺☺
☺☺
☺☺
☺☺
☺☺
☺☺
☺☺
☺☺
☺☺
☺☺
☺☺
☺☺
☺☺
☺☺
☺☺
☺☺
☺☺
☺☺
☺☺
☺☺
☺☺
☺☺
☺☺
☺☺
☺☺
☺☺
☺☺
☺☺
☺☺
☺☺
☺☺
☺☺
☺☺
☺☺
☺☺
☺☺
☺☺
☺☺
☺☺
☺☺
☺☺
☺☺
☺☺
☺☺
☺☺
☺☺

☺☺
☺☺
☺☺
☺☺
☺☺
☺☺
☺☺
☺☺
☺☺
☺☺
☺☺
☺☺
☺☺
☺☺
☺☺
☺☺
☺☺
☺☺
☺☺
☺☺
☺☺
☺☺
☺☺
☺☺
☺☺
☺☺
☺☺
☺☺
☺☺
☺☺
☺☺
☺☺
☺☺
☺☺
☺☺
☺☺
☺☺
☺☺
☺☺
☺☺
☺☺
☺☺
☺☺
☺☺
☺☺
☺☺
☺☺
☺☺
☺☺
☺☺
☺☺
☺☺
☺☺

☺☺☺
☺☺☺
☺☺☺
☺☺☺
☺☺☺
☺☺☺
☺☺☺
☺☺☺
☺☺☺
☺☺☺
☺☺☺
☺☺☺
☺☺☺
☺☺☺
☺☺☺
☺☺☺
☺☺☺
☺☺☺
☺☺☺
☺☺☺
☺☺☺
☺☺☺
☺☺☺
☺☺☺
☺☺☺
☺☺☺
☺☺☺
☺☺☺
☺☺☺
☺☺☺
☺☺☺
☺☺☺
☺☺☺
☺☺☺
☺☺☺
☺☺☺
☺☺☺
☺☺☺
☺☺☺
☺☺☺
☺☺☺
☺☺☺
☺☺☺
☺☺☺
☺☺☺
☺☺☺
☺☺☺
☺☺☺
☺☺☺
☺☺☺
☺☺☺
☺☺☺
☺☺☺

☺☺
☺☺
☺☺
☺☺
☺☺
☺☺
☺☺
☺☺
☺☺
☺☺
☺☺
☺☺
☺☺
☺☺
☺☺
☺☺
☺☺
☺☺
☺☺
☺☺
☺☺
☺☺
☺☺
☺☺
☺☺
☺☺
☺☺
☺☺
☺☺
☺☺
☺☺
☺☺
☺☺
☺☺
☺☺
☺☺
☺☺
☺☺
☺☺
☺☺
☺☺
☺☺
☺☺
☺☺
☺☺
☺☺
☺☺
☺☺
☺☺
☺☺
☺☺
☺☺
☺☺

☺☺
☺☺
☺☺
☺☺
☺☺
☺☺
☺☺
☺☺
☺☺
☺☺
☺☺
☺☺
☺☺
☺☺
☺☺
☺☺
☺☺
☺☺
☺☺
☺☺
☺☺
☺☺
☺☺
☺☺
☺☺
☺☺
☺☺
☺☺
☺☺
☺☺
☺☺
☺☺
☺☺
☺☺
☺☺
☺☺
☺☺
☺☺
☺☺
☺☺
☺☺
☺☺
☺☺
☺☺
☺☺
☺☺
☺☺
☺☺
☺☺
☺☺
☺☺
☺☺
☺☺

☺☺
☺☺
☺☺
☺☺
☺☺
☺☺
☺☺
☺☺
☺☺
☺☺
☺☺
☺☺
☺☺
☺☺
☺☺
☺☺
☺☺
☺☺
☺☺
☺☺
☺☺
☺☺
☺☺
☺☺
☺☺
☺☺
☺☺
☺☺
☺☺
☺☺
☺☺
☺☺
☺☺
☺☺
☺☺
☺☺
☺☺
☺☺
☺☺
☺☺
☺☺
☺☺
☺☺
☺☺
☺☺
☺☺
☺☺
☺☺
☺☺
☺☺
☺☺
☺☺
☺☺

☺☺☺
☺☺☺
☺☺☺
☺☺☺
☺☺☺
☺☺☺
☺☺☺
☺☺☺
☺☺☺
☺☺☺
☺☺☺
☺☺☺
☺☺☺
☺☺☺
☺☺☺
☺☺☺
☺☺☺
☺☺☺
☺☺☺
☺☺☺
☺☺☺
☺☺☺
☺☺☺
☺☺☺
☺☺☺
☺☺☺
☺☺☺
☺☺☺
☺☺☺
☺☺☺
☺☺☺
☺☺☺
☺☺☺
☺☺☺
☺☺☺
☺☺☺
☺☺☺
☺☺☺
☺☺☺
☺☺☺
☺☺☺
☺☺☺
☺☺☺
☺☺☺
☺☺☺
☺☺☺
☺☺☺
☺☺☺
☺☺☺
☺☺☺
☺☺☺
☺☺☺
☺☺☺

☺☺
☺☺
☺☺
☺☺
☺☺
☺☺
☺☺
☺☺
☺☺
☺☺
☺☺
☺☺
☺☺
☺☺
☺☺
☺☺
☺☺
☺☺
☺☺
☺☺
☺☺
☺☺
☺☺
☺☺
☺☺
☺☺
☺☺
☺☺
☺☺
☺☺
☺☺
☺☺
☺☺
☺☺
☺☺
☺☺
☺☺
☺☺
☺☺
☺☺
☺☺
☺☺
☺☺
☺☺
☺☺
☺☺
☺☺
☺☺
☺☺
☺☺
☺☺
☺☺
☺☺

☺☺
☺☺
☺☺
☺☺
☺☺
☺☺
☺☺
☺☺
☺☺
☺☺
☺☺
☺☺
☺☺
☺☺
☺☺
☺☺
☺☺
☺☺
☺☺
☺☺
☺☺
☺☺
☺☺
☺☺
☺☺
☺☺
☺☺
☺☺
☺☺
☺☺
☺☺
☺☺
☺☺
☺☺
☺☺
☺☺
☺☺
☺☺
☺☺
☺☺
☺☺
☺☺
☺☺
☺☺
☺☺
☺☺
☺☺
☺☺
☺☺
☺☺
☺☺
☺☺
☺☺

☺☺
☺☺
☺☺
☺☺
☺☺
☺☺
☺☺
☺☺
☺☺
☺☺
☺☺
☺☺
☺☺
☺☺
☺☺
☺☺
☺☺
☺☺
☺☺
☺☺
☺☺
☺☺
☺☺
☺☺
☺☺
☺☺
☺☺
☺☺
☺☺
☺☺
☺☺
☺☺
☺☺
☺☺
☺☺
☺☺
☺☺
☺☺
☺☺
☺☺
☺☺
☺☺
☺☺
☺☺
☺☺
☺☺
☺☺
☺☺
☺☺
☺☺
☺☺
☺☺
☺☺

☺☺
☺☺
☺☺
☺☺
☺☺
☺☺
☺☺
☺☺
☺☺
☺☺
☺☺
☺☺
☺☺
☺☺
☺☺
☺☺
☺☺
☺☺
☺☺
☺☺
☺☺
☺☺
☺☺
☺☺
☺☺
☺☺
☺☺
☺☺
☺☺
☺☺
☺☺
☺☺
☺☺
☺☺
☺☺
☺☺
☺☺
☺☺
☺☺
☺☺
☺☺
☺☺
☺☺
☺☺
☺☺
☺☺
☺☺
☺☺
☺☺
☺☺
☺☺
☺☺
☺☺

☺☺
☺☺
☺☺
☺☺
☺☺
☺☺
☺☺
☺☺
☺☺
☺☺
☺☺
☺☺
☺☺
☺☺
☺☺
☺☺
☺☺
☺☺
☺☺
☺☺
☺☺
☺☺
☺☺
☺☺
☺☺
☺☺
☺☺
☺☺
☺☺
☺☺
☺☺
☺☺
☺☺
☺☺
☺☺
☺☺
☺☺
☺☺
☺☺
☺☺
☺☺
☺☺
☺☺
☺☺
☺☺
☺☺
☺☺
☺☺
☺☺
☺☺
☺☺
☺☺
☺☺

☺☺
☺☺
☺☺
☺☺
☺☺
☺☺
☺☺
☺☺
☺☺
☺☺
☺☺
☺☺
☺☺
☺☺
☺☺
☺☺
☺☺
☺☺
☺☺
☺☺
☺☺
☺☺
☺☺
☺☺
☺☺
☺☺
☺☺
☺☺
☺☺
☺☺
☺☺
☺☺
☺☺
☺☺
☺☺
☺☺
☺☺
☺☺
☺☺
☺☺
☺☺
☺☺
☺☺
☺☺
☺☺
☺☺
☺☺
☺☺
☺☺
☺☺
☺☺
☺☺
☺☺

☺☺
☺☺
☺☺
☺☺
☺☺
☺☺
☺☺
☺☺
☺☺
☺☺
☺☺
☺☺
☺☺
☺☺
☺☺
☺☺
☺☺
☺☺
☺☺
☺☺
☺☺
☺☺
☺☺
☺☺
☺☺
☺☺
☺☺
☺☺
☺☺
☺☺
☺☺
☺☺
☺☺
☺☺
☺☺
☺☺
☺☺
☺☺
☺☺
☺☺
☺☺
☺☺
☺☺
☺☺
☺☺
☺☺
☺☺
☺☺
☺☺
☺☺
☺☺
☺☺
☺☺
☺☺
☺☺

☺☺
☺☺
☺☺
☺☺
☺☺
☺☺
☺☺
☺☺
☺☺
☺☺
☺☺
☺☺
☺☺
☺☺
☺☺
☺☺
☺☺
☺☺
☺☺
☺☺
☺☺
☺☺
☺☺
☺☺
☺☺
☺☺
☺☺
☺☺
☺☺
☺☺
☺☺
☺☺
☺☺
☺☺
☺☺
☺☺
☺☺
☺☺
☺☺
☺☺
☺☺
☺☺
☺☺
☺☺
☺☺
☺☺
☺☺
☺☺
☺☺
☺☺
☺☺
☺☺
☺☺
☺☺
☺☺
☺☺

☺☺☺
☺☺☺
☺☺☺
☺☺☺
☺☺☺
☺☺☺
☺☺☺
☺☺☺
☺☺☺
☺☺☺
☺☺☺
☺☺☺
☺☺☺
☺☺☺
☺☺☺
☺☺☺
☺☺☺
☺☺☺
☺☺☺
☺☺☺
☺☺☺
☺☺☺
☺☺☺
☺☺☺
☺☺☺
☺☺☺
☺☺☺
☺☺☺
☺☺☺
☺☺☺
☺☺☺
☺☺☺
☺☺☺
☺☺☺
☺☺☺
☺☺☺
☺☺☺
☺☺☺
☺☺☺
☺☺☺
☺☺☺
☺☺☺
☺☺☺
☺☺☺
☺☺☺
☺☺☺
☺☺☺
☺☺☺
☺☺☺
☺☺☺
☺☺☺
☺☺☺
☺☺☺

☺☺
☺☺
☺☺
☺☺
☺☺
☺☺
☺☺
☺☺
☺☺
☺☺
☺☺
☺☺
☺☺
☺☺
☺☺
☺☺
☺☺
☺☺
☺☺
☺☺
☺☺
☺☺
☺☺
☺☺
☺☺
☺☺
☺☺
☺☺
☺☺
☺☺
☺☺
☺☺
☺☺
☺☺
☺☺
☺☺
☺☺
☺☺
☺☺
☺☺
☺☺
☺☺
☺☺
☺☺
☺☺
☺☺
☺☺
☺☺
☺☺
☺☺
☺☺
☺☺
☺☺
☺☺

☺☺
☺☺
☺☺
☺☺
☺☺
☺☺
☺☺
☺☺
☺☺
☺☺
☺☺
☺☺
☺☺
☺☺
☺☺
☺☺
☺☺
☺☺
☺☺
☺☺
☺☺
☺☺
☺☺
☺☺
☺☺
☺☺
☺☺
☺☺
☺☺
☺☺
☺☺
☺☺
☺☺
☺☺
☺☺
☺☺
☺☺
☺☺
☺☺
☺☺
☺☺
☺☺
☺☺
☺☺
☺☺
☺☺
☺☺
☺☺
☺☺
☺☺
☺☺
☺☺
☺☺

☺☺
☺☺
☺☺
☺☺
☺☺
☺☺
☺☺
☺☺
☺☺
☺☺
☺☺
☺☺
☺☺
☺☺
☺☺
☺☺
☺☺
☺☺
☺☺
☺☺
☺☺
☺☺
☺☺
☺☺
☺☺
☺☺
☺☺
☺☺
☺☺
☺☺
☺☺
☺☺
☺☺
☺☺
☺☺
☺☺
☺☺
☺☺
☺☺
☺☺
☺☺
☺☺
☺☺
☺☺
☺☺
☺☺
☺☺
☺☺
☺☺
☺☺
☺☺
☺☺
☺☺

☺☺
☺☺
☺☺
☺☺
☺☺
☺☺
☺☺
☺☺
☺☺
☺☺
☺☺
☺☺
☺☺
☺☺
☺☺
☺☺
☺☺
☺☺
☺☺
☺☺
☺☺
☺☺
☺☺
☺☺
☺☺
☺☺
☺☺
☺☺
☺☺
☺☺
☺☺
☺☺
☺☺
☺☺
☺☺
☺☺
☺☺
☺☺
☺☺
☺☺
☺☺
☺☺
☺☺
☺☺
☺☺
☺☺
☺☺
☺☺
☺☺
☺☺
☺☺
☺☺
☺☺

☺☺
☺☺
☺☺
☺☺
☺☺
☺☺
☺☺
☺☺
☺☺
☺☺
☺☺
☺☺
☺☺
☺☺
☺☺
☺☺
☺☺
☺☺
☺☺
☺☺
☺☺
☺☺
☺☺
☺☺
☺☺
☺☺
☺☺
☺☺
☺☺
☺☺
☺☺
☺☺
☺☺
☺☺
☺☺
☺☺
☺☺
☺☺
☺☺
☺☺
☺☺
☺☺
☺☺
☺☺
☺☺
☺☺
☺☺
☺☺
☺☺
☺☺
☺☺
☺☺
☺☺
☺☺

☺☺
☺☺
☺☺
☺☺
☺☺
☺☺
☺☺
☺☺
☺☺
☺☺
☺☺
☺☺
☺☺
☺☺
☺☺
☺☺
☺☺
☺☺
☺☺
☺☺
☺☺
☺☺
☺☺
☺☺
☺☺
☺☺
☺☺
☺☺
☺☺
☺☺
☺☺
☺☺
☺☺
☺☺
☺☺
☺☺
☺☺
☺☺
☺☺
☺☺
☺☺
☺☺
☺☺
☺☺
☺☺
☺☺
☺☺
☺☺
☺☺
☺☺
☺☺
☺☺
☺☺

☺☺☺
☺☺☺
☺☺☺
☺☺☺
☺☺☺
☺☺☺
☺☺☺
☺☺☺
☺☺☺
☺☺☺
☺☺☺
☺☺☺
☺☺☺
☺☺☺
☺☺☺
☺☺☺
☺☺☺
☺☺☺
☺☺☺
☺☺☺
☺☺☺
☺☺☺
☺☺☺
☺☺☺
☺☺☺
☺☺☺
☺☺☺
☺☺☺
☺☺☺
☺☺☺
☺☺☺
☺☺☺
☺☺☺
☺☺☺
☺☺☺
☺☺☺
☺☺☺
☺☺☺
☺☺☺
☺☺☺
☺☺☺
☺☺☺
☺☺☺
☺☺☺
☺☺☺
☺☺☺
☺☺☺
☺☺☺
☺☺☺
☺☺☺
☺☺☺
☺☺☺
☺☺☺
☺☺☺
☺☺☺
☺☺☺
☺☺☺

☺☺
☺☺
☺☺
☺☺
☺☺
☺☺
☺☺
☺☺
☺☺
☺☺
☺☺
☺☺
☺☺
☺☺
☺☺
☺☺
☺☺
☺☺
☺☺
☺☺
☺☺
☺☺
☺☺
☺☺
☺☺
☺☺
☺☺
☺☺
☺☺
☺☺
☺☺
☺☺
☺☺
☺☺
☺☺
☺☺
☺☺
☺☺
☺☺
☺☺
☺☺
☺☺
☺☺
☺☺
☺☺
☺☺
☺☺
☺☺
☺☺
☺☺
☺☺
☺☺
☺☺

☺☺☺
☺☺☺
☺☺☺
☺☺☺
☺☺☺
☺☺☺
☺☺☺
☺☺☺
☺☺☺
☺☺☺
☺☺☺
☺☺☺
☺☺☺
☺☺☺
☺☺☺
☺☺☺
☺☺☺
☺☺☺
☺☺☺
☺☺☺
☺☺☺
☺☺☺
☺☺☺
☺☺☺
☺☺☺
☺☺☺
☺☺☺
☺☺☺
☺☺☺
☺☺☺
☺☺☺
☺☺☺
☺☺☺
☺☺☺
☺☺☺
☺☺☺
☺☺☺
☺☺☺
☺☺☺
☺☺☺
☺☺☺
☺☺☺
☺☺☺
☺☺☺
☺☺☺
☺☺☺
☺☺☺
☺☺☺
☺☺☺
☺☺☺
☺☺☺
☺☺☺
☺☺☺
☺☺☺
☺☺☺
☺☺☺
☺☺☺
☺☺☺
☺☺☺
☺☺☺
☺☺☺
☺☺☺
☺☺☺
☺☺☺
☺☺☺
☺☺☺
☺☺☺
☺☺☺
☺☺☺
☺☺☺

☺☺
☺☺
☺☺
☺☺
☺☺
☺☺
☺☺
☺☺
☺☺
☺☺
☺☺
☺☺
☺☺
☺☺
☺☺
☺☺
☺☺
☺☺
☺☺
☺☺
☺☺
☺☺
☺☺
☺☺
☺☺
☺☺
☺☺
☺☺
☺☺
☺☺
☺☺
☺☺
☺☺
☺☺
☺☺
☺☺
☺☺
☺☺
☺☺
☺☺
☺☺
☺☺
☺☺
☺☺
☺☺
☺☺
☺☺
☺☺
☺☺
☺☺
☺☺
☺☺

☺☺
☺☺
☺☺
☺☺
☺☺
☺☺
☺☺
☺☺
☺☺
☺☺
☺☺
☺☺
☺☺
☺☺
☺☺
☺☺
☺☺
☺☺
☺☺
☺☺
☺☺
☺☺
☺☺
☺☺
☺☺
☺☺
☺☺
☺☺
☺☺
☺☺
☺☺
☺☺
☺☺
☺☺
☺☺
☺☺
☺☺
☺☺
☺☺
☺☺
☺☺
☺☺
☺☺
☺☺
☺☺
☺☺
☺☺
☺☺
☺☺
☺☺
☺☺
☺☺
☺☺

☺☺
☺☺
☺☺
☺☺
☺☺
☺☺
☺☺
☺☺
☺☺
☺☺
☺☺
☺☺
☺☺
☺☺
☺☺
☺☺
☺☺
☺☺
☺☺
☺☺
☺☺
☺☺
☺☺
☺☺
☺☺
☺☺
☺☺
☺☺
☺☺
☺☺
☺☺
☺☺
☺☺
☺☺
☺☺
☺☺
☺☺
☺☺
☺☺
☺☺
☺☺
☺☺
☺☺
☺☺
☺☺
☺☺
☺☺
☺☺
☺☺
☺☺
☺☺
☺☺
☺☺

☺☺
☺☺
☺☺
☺☺
☺☺
☺☺
☺☺
☺☺
☺☺
☺☺
☺☺
☺☺
☺☺
☺☺
☺☺
☺☺
☺☺
☺☺
☺☺
☺☺
☺☺
☺☺
☺☺
☺☺
☺☺
☺☺
☺☺
☺☺
☺☺
☺☺
☺☺
☺☺
☺☺
☺☺
☺☺
☺☺
☺☺
☺☺
☺☺
☺☺
☺☺
☺☺
☺☺
☺☺
☺☺
☺☺
☺☺
☺☺
☺☺
☺☺
☺☺
☺☺
☺☺

☺☺
☺☺
☺☺
☺☺
☺☺
☺☺
☺☺
☺☺
☺☺
☺☺
☺☺
☺☺
☺☺
☺☺
☺☺
☺☺
☺☺
☺☺
☺☺
☺☺
☺☺
☺☺
☺☺
☺☺
☺☺
☺☺
☺☺
☺☺
☺☺
☺☺
☺☺
☺☺
☺☺
☺☺
☺☺
☺☺
☺☺
☺☺
☺☺
☺☺
☺☺
☺☺
☺☺
☺☺
☺☺
☺☺
☺☺
☺☺
☺☺
☺☺
☺☺
☺☺
☺☺

☺☺
☺☺
☺☺
☺☺
☺☺
☺☺
☺☺
☺☺
☺☺
☺☺
☺☺
☺☺
☺☺
☺☺
☺☺
☺☺
☺☺
☺☺
☺☺
☺☺
☺☺
☺☺
☺☺
☺☺
☺☺
☺☺
☺☺
☺☺
☺☺
☺☺
☺☺
☺☺
☺☺
☺☺
☺☺
☺☺
☺☺
☺☺
☺☺
☺☺
☺☺
☺☺
☺☺
☺☺
☺☺
☺☺
☺☺
☺☺
☺☺
☺☺
☺☺
☺☺
☺☺

☺☺
☺☺
☺☺
☺☺
☺☺
☺☺
☺☺
☺☺
☺☺
☺☺
☺☺
☺☺
☺☺
☺☺
☺☺
☺☺
☺☺
☺☺
☺☺
☺☺
☺☺
☺☺
☺☺
☺☺
☺☺
☺☺
☺☺
☺☺
☺☺
☺☺
☺☺
☺☺
☺☺
☺☺
☺☺
☺☺
☺☺
☺☺
☺☺
☺☺
☺☺
☺☺
☺☺
☺☺
☺☺
☺☺
☺☺
☺☺
☺☺
☺☺
☺☺
☺☺
☺☺
☺☺

☺☺
☺☺
☺☺
☺☺
☺☺
☺☺
☺☺
☺☺
☺☺
☺☺
☺☺
☺☺
☺☺
☺☺
☺☺
☺☺
☺☺
☺☺
☺☺
☺☺
☺☺
☺☺
☺☺
☺☺
☺☺
☺☺
☺☺
☺☺
☺☺
☺☺
☺☺
☺☺
☺☺
☺☺
☺☺
☺☺
☺☺
☺☺
☺☺
☺☺
☺☺
☺☺
☺☺
☺☺
☺☺
☺☺
☺☺
☺☺
☺☺
☺☺
☺☺
☺☺
☺☺

☺☺
☺☺
☺☺
☺☺
☺☺
☺☺
☺☺
☺☺
☺☺
☺☺
☺☺
☺☺
☺☺
☺☺
☺☺
☺☺
☺☺
☺☺
☺☺
☺☺
☺☺
☺☺
☺☺
☺☺
☺☺
☺☺
☺☺
☺☺
☺☺
☺☺
☺☺
☺☺
☺☺
☺☺
☺☺
☺☺
☺☺
☺☺
☺☺
☺☺
☺☺
☺☺
☺☺
☺☺
☺☺
☺☺
☺☺
☺☺
☺☺
☺☺
☺☺
☺☺

☺☺
☺☺
☺☺
☺☺
☺☺
☺☺
☺☺
☺☺
☺☺
☺☺
☺☺
☺☺
☺☺
☺☺
☺☺
☺☺
☺☺
☺☺
☺☺
☺☺
☺☺
☺☺
☺☺
☺☺
☺☺
☺☺
☺☺
☺☺
☺☺
☺☺
☺☺
☺☺
☺☺
☺☺
☺☺
☺☺
☺☺
☺☺
☺☺
☺☺
☺☺
☺☺
☺☺
☺☺
☺☺
☺☺
☺☺
☺☺
☺☺
☺☺
☺☺
☺☺
☺☺
☺☺

☺☺
☺☺
☺☺
☺☺
☺☺
☺☺
☺☺
☺☺
☺☺
☺☺
☺☺
☺☺
☺☺
☺☺
☺☺
☺☺
☺☺
☺☺
☺☺
☺☺
☺☺
☺☺
☺☺
☺☺
☺☺
☺☺
☺☺
☺☺
☺☺
☺☺
☺☺
☺☺
☺☺
☺☺
☺☺
☺☺
☺☺
☺☺
☺☺
☺☺
☺☺
☺☺
☺☺
☺☺
☺☺
☺☺
☺☺
☺☺
☺☺
☺☺
☺☺
☺☺
☺☺

☺☺
☺☺
☺☺
☺☺
☺☺
☺☺
☺☺
☺☺
☺☺
☺☺
☺☺
☺☺
☺☺
☺☺
☺☺
☺☺
☺☺
☺☺
☺☺
☺☺
☺☺
☺☺
☺☺
☺☺
☺☺
☺☺
☺☺
☺☺
☺☺
☺☺
☺☺
☺☺
☺☺
☺☺
☺☺
☺☺
☺☺
☺☺
☺☺
☺☺
☺☺
☺☺
☺☺
☺☺
☺☺
☺☺
☺☺
☺☺
☺☺
☺☺
☺☺
☺☺
☺☺

☺☺
☺☺
☺☺
☺☺
☺☺
☺☺
☺☺
☺☺
☺☺
☺☺
☺☺
☺☺
☺☺
☺☺
☺☺
☺☺
☺☺
☺☺
☺☺
☺☺
☺☺
☺☺
☺☺
☺☺
☺☺
☺☺
☺☺
☺☺
☺☺
☺☺
☺☺
☺☺
☺☺
☺☺
☺☺
☺☺
☺☺
☺☺
☺☺
☺☺
☺☺
☺☺
☺☺
☺☺
☺☺
☺☺
☺☺
☺☺
☺☺
☺☺
☺☺
☺☺
☺☺

☺☺☺
☺☺☺
☺☺☺
☺☺☺
☺☺☺
☺☺☺
☺☺☺
☺☺☺
☺☺☺
☺☺☺
☺☺☺
☺☺☺
☺☺☺
☺☺☺
☺☺☺
☺☺☺
☺☺☺
☺☺☺
☺☺☺
☺☺☺
☺☺☺
☺☺☺
☺☺☺
☺☺☺
☺☺☺
☺☺☺
☺☺☺
☺☺☺
☺☺☺
☺☺☺
☺☺☺
☺☺☺
☺☺☺
☺☺☺
☺☺☺
☺☺☺
☺☺☺
☺☺☺
☺☺☺
☺☺☺
☺☺☺
☺☺☺
☺☺☺
☺☺☺
☺☺☺
☺☺☺
☺☺☺
☺☺☺
☺☺☺
☺☺☺
☺☺☺
☺☺☺
☺☺☺

☺☺
☺☺
☺☺
☺☺
☺☺
☺☺
☺☺
☺☺
☺☺
☺☺
☺☺
☺☺
☺☺
☺☺
☺☺
☺☺
☺☺
☺☺
☺☺
☺☺
☺☺
☺☺
☺☺
☺☺
☺☺
☺☺
☺☺
☺☺
☺☺
☺☺
☺☺
☺☺
☺☺
☺☺
☺☺
☺☺
☺☺
☺☺
☺☺
☺☺
☺☺
☺☺
☺☺
☺☺
☺☺
☺☺
☺☺
☺☺
☺☺
☺☺
☺☺
☺☺

☺☺
☺☺
☺☺
☺☺
☺☺
☺☺
☺☺
☺☺
☺☺
☺☺
☺☺
☺☺
☺☺
☺☺
☺☺
☺☺
☺☺
☺☺
☺☺
☺☺
☺☺
☺☺
☺☺
☺☺
☺☺
☺☺
☺☺
☺☺
☺☺
☺☺
☺☺
☺☺
☺☺
☺☺
☺☺
☺☺
☺☺
☺☺
☺☺
☺☺
☺☺
☺☺
☺☺
☺☺
☺☺
☺☺
☺☺
☺☺
☺☺
☺☺
☺☺
☺☺
☺☺

☺☺
☺☺
☺☺
☺☺
☺☺
☺☺
☺☺
☺☺
☺☺
☺☺
☺☺
☺☺
☺☺
☺☺
☺☺
☺☺
☺☺
☺☺
☺☺
☺☺
☺☺
☺☺
☺☺
☺☺
☺☺
☺☺
☺☺
☺☺
☺☺
☺☺
☺☺
☺☺
☺☺
☺☺
☺☺
☺☺
☺☺
☺☺
☺☺
☺☺
☺☺
☺☺
☺☺
☺☺
☺☺
☺☺
☺☺
☺☺
☺☺
☺☺
☺☺
☺☺
☺☺

☺☺
☺☺
☺☺
☺☺
☺☺
☺☺
☺☺
☺☺
☺☺
☺☺
☺☺
☺☺
☺☺
☺☺
☺☺
☺☺
☺☺
☺☺
☺☺
☺☺
☺☺
☺☺
☺☺
☺☺
☺☺
☺☺
☺☺
☺☺
☺☺
☺☺
☺☺
☺☺
☺☺
☺☺
☺☺
☺☺
☺☺
☺☺
☺☺
☺☺
☺☺
☺☺
☺☺
☺☺
☺☺
☺☺
☺☺
☺☺
☺☺
☺☺
☺☺
☺☺
☺☺

☺☺
☺☺
☺☺
☺☺
☺☺
☺☺
☺☺
☺☺
☺☺
☺☺
☺☺
☺☺
☺☺
☺☺
☺☺
☺☺
☺☺
☺☺
☺☺
☺☺
☺☺
☺☺
☺☺
☺☺
☺☺
☺☺
☺☺
☺☺
☺☺
☺☺
☺☺
☺☺
☺☺
☺☺
☺☺
☺☺
☺☺
☺☺
☺☺
☺☺
☺☺
☺☺
☺☺
☺☺
☺☺
☺☺
☺☺
☺☺
☺☺
☺☺
☺☺
☺☺
☺☺

☺☺
☺☺
☺☺
☺☺
☺☺
☺☺
☺☺
☺☺
☺☺
☺☺
☺☺
☺☺
☺☺
☺☺
☺☺
☺☺
☺☺
☺☺
☺☺
☺☺
☺☺
☺☺
☺☺
☺☺
☺☺
☺☺
☺☺
☺☺
☺☺
☺☺
☺☺
☺☺
☺☺
☺☺
☺☺
☺☺
☺☺
☺☺
☺☺
☺☺
☺☺
☺☺
☺☺
☺☺
☺☺
☺☺
☺☺
☺☺
☺☺
☺☺
☺☺
☺☺
☺☺

☺☺
☺☺
☺☺
☺☺
☺☺
☺☺
☺☺
☺☺
☺☺
☺☺
☺☺
☺☺
☺☺
☺☺
☺☺
☺☺
☺☺
☺☺
☺☺
☺☺
☺☺
☺☺
☺☺
☺☺
☺☺
☺☺
☺☺
☺☺
☺☺
☺☺
☺☺
☺☺
☺☺
☺☺
☺☺
☺☺
☺☺
☺☺
☺☺
☺☺
☺☺
☺☺
☺☺
☺☺
☺☺
☺☺
☺☺
☺☺
☺☺
☺☺
☺☺
☺☺
☺☺
☺☺
☺☺

☺☺
☺☺
☺☺
☺☺
☺☺
☺☺
☺☺
☺☺
☺☺
☺☺
☺☺
☺☺
☺☺
☺☺
☺☺
☺☺
☺☺
☺☺
☺☺
☺☺
☺☺
☺☺
☺☺
☺☺
☺☺
☺☺
☺☺
☺☺
☺☺
☺☺
☺☺
☺☺
☺☺
☺☺
☺☺
☺☺
☺☺
☺☺
☺☺
☺☺
☺☺
☺☺
☺☺
☺☺
☺☺
☺☺
☺☺
☺☺
☺☺
☺☺
☺☺
☺☺
☺☺
☺☺
☺☺
☺☺
☺☺
☺☺
☺☺

☺☺
☺☺
☺☺
☺☺
☺☺
☺☺
☺☺
☺☺
☺☺
☺☺
☺☺
☺☺
☺☺
☺☺
☺☺
☺☺
☺☺
☺☺
☺☺
☺☺
☺☺
☺☺
☺☺
☺☺
☺☺
☺☺
☺☺
☺☺
☺☺
☺☺
☺☺
☺☺
☺☺
☺☺
☺☺
☺☺
☺☺
☺☺
☺☺
☺☺
☺☺
☺☺
☺☺
☺☺
☺☺
☺☺
☺☺
☺☺
☺☺
☺☺
☺☺
☺☺
☺☺

☺☺
☺☺
☺☺
☺☺
☺☺
☺☺
☺☺
☺☺
☺☺
☺☺
☺☺
☺☺
☺☺
☺☺
☺☺
☺☺
☺☺
☺☺
☺☺
☺☺
☺☺
☺☺
☺☺
☺☺
☺☺
☺☺
☺☺
☺☺
☺☺
☺☺
☺☺
☺☺
☺☺
☺☺
☺☺
☺☺
☺☺
☺☺
☺☺
☺☺
☺☺
☺☺
☺☺
☺☺
☺☺
☺☺
☺☺
☺☺
☺☺
☺☺
☺☺
☺☺
☺☺

☺☺
☺☺
☺☺
☺☺
☺☺
☺☺
☺☺
☺☺
☺☺
☺☺
☺☺
☺☺
☺☺
☺☺
☺☺
☺☺
☺☺
☺☺
☺☺
☺☺
☺☺
☺☺
☺☺
☺☺
☺☺
☺☺
☺☺
☺☺
☺☺
☺☺
☺☺
☺☺
☺☺
☺☺
☺☺
☺☺
☺☺
☺☺
☺☺
☺☺
☺☺
☺☺
☺☺
☺☺
☺☺
☺☺
☺☺
☺☺
☺☺
☺☺
☺☺
☺☺
☺☺

☺☺
☺☺
☺☺
☺☺
☺☺
☺☺
☺☺
☺☺
☺☺
☺☺
☺☺
☺☺
☺☺
☺☺
☺☺
☺☺
☺☺
☺☺
☺☺
☺☺
☺☺
☺☺
☺☺
☺☺
☺☺
☺☺
☺☺
☺☺
☺☺
☺☺
☺☺
☺☺
☺☺
☺☺
☺☺
☺☺
☺☺
☺☺
☺☺
☺☺
☺☺
☺☺
☺☺
☺☺
☺☺
☺☺
☺☺
☺☺
☺☺
☺☺
☺☺
☺☺
☺☺
☺☺
☺☺
☺☺
☺☺

☺☺
☺☺
☺☺
☺☺
☺☺
☺☺
☺☺
☺☺
☺☺
☺☺
☺☺
☺☺
☺☺
☺☺
☺☺
☺☺
☺☺
☺☺
☺☺
☺☺
☺☺
☺☺
☺☺
☺☺
☺☺
☺☺
☺☺
☺☺
☺☺
☺☺
☺☺
☺☺
☺☺
☺☺
☺☺
☺☺
☺☺
☺☺
☺☺
☺☺
☺☺
☺☺
☺☺
☺☺
☺☺
☺☺
☺☺
☺☺
☺☺
☺☺
☺☺
☺☺
☺☺

☺☺
☺☺
☺☺
☺☺
☺☺
☺☺
☺☺
☺☺
☺☺
☺☺
☺☺
☺☺
☺☺
☺☺
☺☺
☺☺
☺☺
☺☺
☺☺
☺☺
☺☺
☺☺
☺☺
☺☺
☺☺
☺☺
☺☺
☺☺
☺☺
☺☺
☺☺
☺☺
☺☺
☺☺
☺☺
☺☺
☺☺
☺☺
☺☺
☺☺
☺☺
☺☺
☺☺
☺☺
☺☺
☺☺
☺☺
☺☺
☺☺
☺☺
☺☺
☺☺
☺☺
☺☺

☺☺
☺☺
☺☺
☺☺
☺☺
☺☺
☺☺
☺☺
☺☺
☺☺
☺☺
☺☺
☺☺
☺☺
☺☺
☺☺
☺☺
☺☺
☺☺
☺☺
☺☺
☺☺
☺☺
☺☺
☺☺
☺☺
☺☺
☺☺
☺☺
☺☺
☺☺
☺☺
☺☺
☺☺
☺☺
☺☺
☺☺
☺☺
☺☺
☺☺
☺☺
☺☺
☺☺
☺☺
☺☺
☺☺
☺☺
☺☺
☺☺
☺☺
☺☺
☺☺
☺☺

☺☺
☺☺
☺☺
☺☺
☺☺
☺☺
☺☺
☺☺
☺☺
☺☺
☺☺
☺☺
☺☺
☺☺
☺☺
☺☺
☺☺
☺☺
☺☺
☺☺
☺☺
☺☺
☺☺
☺☺
☺☺
☺☺
☺☺
☺☺
☺☺
☺☺
☺☺
☺☺
☺☺
☺☺
☺☺
☺☺
☺☺
☺☺
☺☺
☺☺
☺☺
☺☺
☺☺
☺☺
☺☺
☺☺
☺☺
☺☺
☺☺
☺☺
☺☺
☺☺

☺☺
☺☺
☺☺
☺☺
☺☺
☺☺
☺☺
☺☺
☺☺
☺☺
☺☺
☺☺
☺☺
☺☺
☺☺
☺☺
☺☺
☺☺
☺☺
☺☺
☺☺
☺☺
☺☺
☺☺
☺☺
☺☺
☺☺
☺☺
☺☺
☺☺
☺☺
☺☺
☺☺
☺☺
☺☺
☺☺
☺☺
☺☺
☺☺
☺☺
☺☺
☺☺
☺☺
☺☺
☺☺
☺☺
☺☺
☺☺
☺☺
☺☺
☺☺
☺☺
☺☺

☺☺
☺☺
☺☺
☺☺
☺☺
☺☺
☺☺
☺☺
☺☺
☺☺
☺☺
☺☺
☺☺
☺☺
☺☺
☺☺
☺☺
☺☺
☺☺
☺☺
☺☺
☺☺
☺☺
☺☺
☺☺
☺☺
☺☺
☺☺
☺☺
☺☺
☺☺
☺☺
☺☺
☺☺
☺☺
☺☺
☺☺
☺☺
☺☺
☺☺
☺☺
☺☺
☺☺
☺☺
☺☺
☺☺
☺☺
☺☺
☺☺
☺☺
☺☺
☺☺
☺☺

☺☺
☺☺
☺☺
☺☺
☺☺
☺☺
☺☺
☺☺
☺☺
☺☺
☺☺
☺☺
☺☺
☺☺
☺☺
☺☺
☺☺
☺☺
☺☺
☺☺
☺☺
☺☺
☺☺
☺☺
☺☺
☺☺
☺☺
☺☺
☺☺
☺☺
☺☺
☺☺
☺☺
☺☺
☺☺
☺☺
☺☺
☺☺
☺☺
☺☺
☺☺
☺☺
☺☺
☺☺
☺☺
☺☺
☺☺
☺☺
☺☺
☺☺
☺☺
☺☺
☺☺

☺☺
☺☺
☺☺
☺☺
☺☺
☺☺
☺☺
☺☺
☺☺
☺☺
☺☺
☺☺
☺☺
☺☺
☺☺
☺☺
☺☺
☺☺
☺☺
☺☺
☺☺
☺☺
☺☺
☺☺
☺☺
☺☺
☺☺
☺☺
☺☺
☺☺
☺☺
☺☺
☺☺
☺☺
☺☺
☺☺
☺☺
☺☺
☺☺
☺☺
☺☺
☺☺
☺☺
☺☺
☺☺
☺☺
☺☺
☺☺
☺☺
☺☺
☺☺
☺☺
☺☺

☺☺
☺☺
☺☺
☺☺
☺☺
☺☺
☺☺
☺☺
☺☺
☺☺
☺☺
☺☺
☺☺
☺☺
☺☺
☺☺
☺☺
☺☺
☺☺
☺☺
☺☺
☺☺
☺☺
☺☺
☺☺
☺☺
☺☺
☺☺
☺☺
☺☺
☺☺
☺☺
☺☺
☺☺
☺☺
☺☺
☺☺
☺☺
☺☺
☺☺
☺☺
☺☺
☺☺
☺☺
☺☺
☺☺
☺☺
☺☺
☺☺
☺☺
☺☺
☺☺
☺☺

☺☺
☺☺
☺☺
☺☺
☺☺
☺☺
☺☺
☺☺
☺☺
☺☺
☺☺
☺☺
☺☺
☺☺
☺☺
☺☺
☺☺
☺☺
☺☺
☺☺
☺☺
☺☺
☺☺
☺☺
☺☺
☺☺
☺☺
☺☺
☺☺
☺☺
☺☺
☺☺
☺☺
☺☺
☺☺
☺☺
☺☺
☺☺
☺☺
☺☺
☺☺
☺☺
☺☺
☺☺
☺☺
☺☺
☺☺
☺☺
☺☺
☺☺
☺☺
☺☺
☺☺

☺☺
☺☺
☺☺
☺☺
☺☺
☺☺
☺☺
☺☺
☺☺
☺☺
☺☺
☺☺
☺☺
☺☺
☺☺
☺☺
☺☺
☺☺
☺☺
☺☺
☺☺
☺☺
☺☺
☺☺
☺☺
☺☺
☺☺
☺☺
☺☺
☺☺
☺☺
☺☺
☺☺
☺☺
☺☺
☺☺
☺☺
☺☺
☺☺
☺☺
☺☺
☺☺
☺☺
☺☺
☺☺
☺☺
☺☺
☺☺
☺☺
☺☺
☺☺
☺☺
☺☺

☺☺
☺☺
☺☺
☺☺
☺☺
☺☺
☺☺
☺☺
☺☺
☺☺
☺☺
☺☺
☺☺
☺☺
☺☺
☺☺
☺☺
☺☺
☺☺
☺☺
☺☺
☺☺
☺☺
☺☺
☺☺
☺☺
☺☺
☺☺
☺☺
☺☺
☺☺
☺☺
☺☺
☺☺
☺☺
☺☺
☺☺
☺☺
☺☺
☺☺
☺☺
☺☺
☺☺
☺☺
☺☺
☺☺
☺☺
☺☺
☺☺
☺☺
☺☺
☺☺
☺☺

☺☺
☺☺
☺☺
☺☺
☺☺
☺☺
☺☺
☺☺
☺☺
☺☺
☺☺
☺☺
☺☺
☺☺
☺☺
☺☺
☺☺
☺☺
☺☺
☺☺
☺☺
☺☺
☺☺
☺☺
☺☺
☺☺
☺☺
☺☺
☺☺
☺☺
☺☺
☺☺
☺☺
☺☺
☺☺
☺☺
☺☺
☺☺
☺☺
☺☺
☺☺
☺☺
☺☺
☺☺
☺☺
☺☺
☺☺
☺☺
☺☺
☺☺
☺☺
☺☺
☺☺

☺☺
☺☺
☺☺
☺☺
☺☺
☺☺
☺☺
☺☺
☺☺
☺☺
☺☺
☺☺
☺☺
☺☺
☺☺
☺☺
☺☺
☺☺
☺☺
☺☺
☺☺
☺☺
☺☺
☺☺
☺☺
☺☺
☺☺
☺☺
☺☺
☺☺
☺☺
☺☺
☺☺
☺☺
☺☺
☺☺
☺☺
☺☺
☺☺
☺☺
☺☺
☺☺
☺☺
☺☺
☺☺
☺☺
☺☺
☺☺
☺☺
☺☺
☺☺
☺☺
☺☺

☺☺
☺☺
☺☺
☺☺
☺☺
☺☺
☺☺
☺☺
☺☺
☺☺
☺☺
☺☺
☺☺
☺☺
☺☺
☺☺
☺☺
☺☺
☺☺
☺☺
☺☺
☺☺
☺☺
☺☺
☺☺
☺☺
☺☺
☺☺
☺☺
☺☺
☺☺
☺☺
☺☺
☺☺
☺☺
☺☺
☺☺
☺☺
☺☺
☺☺
☺☺
☺☺
☺☺
☺☺
☺☺
☺☺
☺☺
☺☺
☺☺
☺☺
☺☺
☺☺
☺☺

☺☺
☺☺
☺☺
☺☺
☺☺
☺☺
☺☺
☺☺
☺☺
☺☺
☺☺
☺☺
☺☺
☺☺
☺☺
☺☺
☺☺
☺☺
☺☺
☺☺
☺☺
☺☺
☺☺
☺☺
☺☺
☺☺
☺☺
☺☺
☺☺
☺☺
☺☺
☺☺
☺☺
☺☺
☺☺
☺☺
☺☺
☺☺
☺☺
☺☺
☺☺
☺☺
☺☺
☺☺
☺☺
☺☺
☺☺
☺☺
☺☺
☺☺
☺☺
☺☺
☺☺

☺☺
☺☺
☺☺
☺☺
☺☺
☺☺
☺☺
☺☺
☺☺
☺☺
☺☺
☺☺
☺☺
☺☺
☺☺
☺☺
☺☺
☺☺
☺☺
☺☺
☺☺
☺☺
☺☺
☺☺
☺☺
☺☺
☺☺
☺☺
☺☺
☺☺
☺☺
☺☺
☺☺
☺☺
☺☺
☺☺
☺☺
☺☺
☺☺
☺☺
☺☺
☺☺
☺☺
☺☺
☺☺
☺☺
☺☺
☺☺
☺☺
☺☺
☺☺
☺☺
☺☺

☺☺
☺☺
☺☺
☺☺
☺☺
☺☺
☺☺
☺☺
☺☺
☺☺
☺☺
☺☺
☺☺
☺☺
☺☺
☺☺
☺☺
☺☺
☺☺
☺☺
☺☺
☺☺
☺☺
☺☺
☺☺
☺☺
☺☺
☺☺
☺☺
☺☺
☺☺
☺☺
☺☺
☺☺
☺☺
☺☺
☺☺
☺☺
☺☺
☺☺
☺☺
☺☺
☺☺
☺☺
☺☺
☺☺
☺☺
☺☺
☺☺
☺☺
☺☺
☺☺
☺☺

☺☺
☺☺
☺☺
☺☺
☺☺
☺☺
☺☺
☺☺
☺☺
☺☺
☺☺
☺☺
☺☺
☺☺
☺☺
☺☺
☺☺
☺☺
☺☺
☺☺
☺☺
☺☺
☺☺
☺☺
☺☺
☺☺
☺☺
☺☺
☺☺
☺☺
☺☺
☺☺
☺☺
☺☺
☺☺
☺☺
☺☺
☺☺
☺☺
☺☺
☺☺
☺☺
☺☺
☺☺
☺☺
☺☺
☺☺
☺☺
☺☺
☺☺
☺☺
☺☺
☺☺

☺☺☺
☺☺☺
☺☺☺
☺☺☺
☺☺☺
☺☺☺
☺☺☺
☺☺☺
☺☺☺
☺☺☺
☺☺☺
☺☺☺
☺☺☺
☺☺☺
☺☺☺
☺☺☺
☺☺☺
☺☺☺
☺☺☺
☺☺☺
☺☺☺
☺☺☺
☺☺☺
☺☺☺
☺☺☺
☺☺☺
☺☺☺
☺☺☺
☺☺☺
☺☺☺
☺☺☺
☺☺☺
☺☺☺
☺☺☺
☺☺☺
☺☺☺
☺☺☺
☺☺☺
☺☺☺
☺☺☺
☺☺☺
☺☺☺
☺☺☺
☺☺☺
☺☺☺
☺☺☺
☺☺☺
☺☺☺
☺☺☺
☺☺☺
☺☺☺
☺☺☺
☺☺☺

☺☺
☺☺
☺☺
☺☺
☺☺
☺☺
☺☺
☺☺
☺☺
☺☺
☺☺
☺☺
☺☺
☺☺
☺☺
☺☺
☺☺
☺☺
☺☺
☺☺
☺☺
☺☺
☺☺
☺☺
☺☺
☺☺
☺☺
☺☺
☺☺
☺☺
☺☺
☺☺
☺☺
☺☺
☺☺
☺☺
☺☺
☺☺
☺☺
☺☺
☺☺
☺☺
☺☺
☺☺
☺☺
☺☺
☺☺
☺☺
☺☺
☺☺
☺☺
☺☺
☺☺

☺☺☺
☺☺☺
☺☺☺
☺☺☺
☺☺☺
☺☺☺
☺☺☺
☺☺☺
☺☺☺
☺☺☺
☺☺☺
☺☺☺
☺☺☺
☺☺☺
☺☺☺
☺☺☺
☺☺☺
☺☺☺
☺☺☺
☺☺☺
☺☺☺
☺☺☺
☺☺☺
☺☺☺
☺☺☺
☺☺☺
☺☺☺
☺☺☺
☺☺☺
☺☺☺
☺☺☺
☺☺☺
☺☺☺
☺☺☺
☺☺☺
☺☺☺
☺☺☺
☺☺☺
☺☺☺
☺☺☺
☺☺☺
☺☺☺
☺☺☺
☺☺☺
☺☺☺
☺☺☺
☺☺☺
☺☺☺
☺☺☺
☺☺☺
☺☺☺
☺☺☺
☺☺☺
☺☺☺
☺☺☺
☺☺☺
☺☺☺
☺☺☺

☺☺
☺☺
☺☺
☺☺
☺☺
☺☺
☺☺
☺☺
☺☺
☺☺
☺☺
☺☺
☺☺
☺☺
☺☺
☺☺
☺☺
☺☺
☺☺
☺☺
☺☺
☺☺
☺☺
☺☺
☺☺
☺☺
☺☺
☺☺
☺☺
☺☺
☺☺
☺☺
☺☺
☺☺
☺☺
☺☺
☺☺
☺☺
☺☺
☺☺
☺☺
☺☺
☺☺
☺☺
☺☺
☺☺
☺☺
☺☺
☺☺
☺☺
☺☺
☺☺
☺☺

☺☺☺
☺☺☺
☺☺☺
☺☺☺
☺☺☺
☺☺☺
☺☺☺
☺☺☺
☺☺☺
☺☺☺
☺☺☺
☺☺☺
☺☺☺
☺☺☺
☺☺☺
☺☺☺
☺☺☺
☺☺☺
☺☺☺
☺☺☺
☺☺☺
☺☺☺
☺☺☺
☺☺☺
☺☺☺
☺☺☺
☺☺☺
☺☺☺
☺☺☺
☺☺☺
☺☺☺
☺☺☺
☺☺☺
☺☺☺
☺☺☺
☺☺☺
☺☺☺
☺☺☺
☺☺☺
☺☺☺
☺☺☺
☺☺☺
☺☺☺
☺☺☺
☺☺☺
☺☺☺
☺☺☺
☺☺☺
☺☺☺
☺☺☺
☺☺☺
☺☺☺
☺☺☺

☺☺
☺☺
☺☺
☺☺
☺☺
☺☺
☺☺
☺☺
☺☺
☺☺
☺☺
☺☺
☺☺
☺☺
☺☺
☺☺
☺☺
☺☺
☺☺
☺☺
☺☺
☺☺
☺☺
☺☺
☺☺
☺☺
☺☺
☺☺
☺☺
☺☺
☺☺
☺☺
☺☺
☺☺
☺☺
☺☺
☺☺
☺☺
☺☺
☺☺
☺☺
☺☺
☺☺
☺☺
☺☺
☺☺
☺☺
☺☺
☺☺
☺☺
☺☺
☺☺
☺☺

☺☺
☺☺
☺☺
☺☺
☺☺
☺☺
☺☺
☺☺
☺☺
☺☺
☺☺
☺☺
☺☺
☺☺
☺☺
☺☺
☺☺
☺☺
☺☺
☺☺
☺☺
☺☺
☺☺
☺☺
☺☺
☺☺
☺☺
☺☺
☺☺
☺☺
☺☺
☺☺
☺☺
☺☺
☺☺
☺☺
☺☺
☺☺
☺☺
☺☺
☺☺
☺☺
☺☺
☺☺
☺☺
☺☺
☺☺
☺☺
☺☺
☺☺
☺☺
☺☺
☺☺
☺☺

☺☺
☺☺
☺☺
☺☺
☺☺
☺☺
☺☺
☺☺
☺☺
☺☺
☺☺
☺☺
☺☺
☺☺
☺☺
☺☺
☺☺
☺☺
☺☺
☺☺
☺☺
☺☺
☺☺
☺☺
☺☺
☺☺
☺☺
☺☺
☺☺
☺☺
☺☺
☺☺
☺☺
☺☺
☺☺
☺☺
☺☺
☺☺
☺☺
☺☺
☺☺
☺☺
☺☺
☺☺
☺☺
☺☺
☺☺
☺☺
☺☺
☺☺
☺☺
☺☺
☺☺

☺☺
☺☺
☺☺
☺☺
☺☺
☺☺
☺☺
☺☺
☺☺
☺☺
☺☺
☺☺
☺☺
☺☺
☺☺
☺☺
☺☺
☺☺
☺☺
☺☺
☺☺
☺☺
☺☺
☺☺
☺☺
☺☺
☺☺
☺☺
☺☺
☺☺
☺☺
☺☺
☺☺
☺☺
☺☺
☺☺
☺☺
☺☺
☺☺
☺☺
☺☺
☺☺
☺☺
☺☺
☺☺
☺☺
☺☺
☺☺
☺☺
☺☺
☺☺
☺☺
☺☺
☺☺
☺☺
☺☺

☺☺
☺☺
☺☺
☺☺
☺☺
☺☺
☺☺
☺☺
☺☺
☺☺
☺☺
☺☺
☺☺
☺☺
☺☺
☺☺
☺☺
☺☺
☺☺
☺☺
☺☺
☺☺
☺☺
☺☺
☺☺
☺☺
☺☺
☺☺
☺☺
☺☺
☺☺
☺☺
☺☺
☺☺
☺☺
☺☺
☺☺
☺☺
☺☺
☺☺
☺☺
☺☺
☺☺
☺☺
☺☺
☺☺
☺☺
☺☺
☺☺
☺☺
☺☺
☺☺
☺☺
☺☺
☺☺
☺☺
☺☺
☺☺
☺☺

☺☺
☺☺
☺☺
☺☺
☺☺
☺☺
☺☺
☺☺
☺☺
☺☺
☺☺
☺☺
☺☺
☺☺
☺☺
☺☺
☺☺
☺☺
☺☺
☺☺
☺☺
☺☺
☺☺
☺☺
☺☺
☺☺
☺☺
☺☺
☺☺
☺☺
☺☺
☺☺
☺☺
☺☺
☺☺
☺☺
☺☺
☺☺
☺☺
☺☺
☺☺
☺☺
☺☺
☺☺
☺☺
☺☺
☺☺
☺☺
☺☺
☺☺
☺☺
☺☺
☺☺

☺☺
☺☺
☺☺
☺☺
☺☺
☺☺
☺☺
☺☺
☺☺
☺☺
☺☺
☺☺
☺☺
☺☺
☺☺
☺☺
☺☺
☺☺
☺☺
☺☺
☺☺
☺☺
☺☺
☺☺
☺☺
☺☺
☺☺
☺☺
☺☺
☺☺
☺☺
☺☺
☺☺
☺☺
☺☺
☺☺
☺☺
☺☺
☺☺
☺☺
☺☺
☺☺
☺☺
☺☺
☺☺
☺☺
☺☺
☺☺
☺☺
☺☺
☺☺
☺☺
☺☺

☺☺
☺☺
☺☺
☺☺
☺☺
☺☺
☺☺
☺☺
☺☺
☺☺
☺☺
☺☺
☺☺
☺☺
☺☺
☺☺
☺☺
☺☺
☺☺
☺☺
☺☺
☺☺
☺☺
☺☺
☺☺
☺☺
☺☺
☺☺
☺☺
☺☺
☺☺
☺☺
☺☺
☺☺
☺☺
☺☺
☺☺
☺☺
☺☺
☺☺
☺☺
☺☺
☺☺
☺☺
☺☺
☺☺
☺☺
☺☺
☺☺
☺☺
☺☺
☺☺
☺☺

☺☺
☺☺
☺☺
☺☺
☺☺
☺☺
☺☺
☺☺
☺☺
☺☺
☺☺
☺☺
☺☺
☺☺
☺☺
☺☺
☺☺
☺☺
☺☺
☺☺
☺☺
☺☺
☺☺
☺☺
☺☺
☺☺
☺☺
☺☺
☺☺
☺☺
☺☺
☺☺
☺☺
☺☺
☺☺
☺☺
☺☺
☺☺
☺☺
☺☺
☺☺
☺☺
☺☺
☺☺
☺☺
☺☺
☺☺
☺☺
☺☺
☺☺
☺☺
☺☺
☺☺

☺☺
☺☺
☺☺
☺☺
☺☺
☺☺
☺☺
☺☺
☺☺
☺☺
☺☺
☺☺
☺☺
☺☺
☺☺
☺☺
☺☺
☺☺
☺☺
☺☺
☺☺
☺☺
☺☺
☺☺
☺☺
☺☺
☺☺
☺☺
☺☺
☺☺
☺☺
☺☺
☺☺
☺☺
☺☺
☺☺
☺☺
☺☺
☺☺
☺☺
☺☺
☺☺
☺☺
☺☺
☺☺
☺☺
☺☺
☺☺
☺☺
☺☺
☺☺
☺☺
☺☺

☺☺
☺☺
☺☺
☺☺
☺☺
☺☺
☺☺
☺☺
☺☺
☺☺
☺☺
☺☺
☺☺
☺☺
☺☺
☺☺
☺☺
☺☺
☺☺
☺☺
☺☺
☺☺
☺☺
☺☺
☺☺
☺☺
☺☺
☺☺
☺☺
☺☺
☺☺
☺☺
☺☺
☺☺
☺☺
☺☺
☺☺
☺☺
☺☺
☺☺
☺☺
☺☺
☺☺
☺☺
☺☺
☺☺
☺☺
☺☺
☺☺
☺☺
☺☺
☺☺
☺☺

☺☺☺
☺☺☺
☺☺☺
☺☺☺
☺☺☺
☺☺☺
☺☺☺
☺☺☺
☺☺☺
☺☺☺
☺☺☺
☺☺☺
☺☺☺
☺☺☺
☺☺☺
☺☺☺
☺☺☺
☺☺☺
☺☺☺
☺☺☺
☺☺☺
☺☺☺
☺☺☺
☺☺☺
☺☺☺
☺☺☺
☺☺☺
☺☺☺
☺☺☺
☺☺☺
☺☺☺
☺☺☺
☺☺☺
☺☺☺
☺☺☺
☺☺☺
☺☺☺
☺☺☺
☺☺☺
☺☺☺
☺☺☺
☺☺☺
☺☺☺
☺☺☺
☺☺☺
☺☺☺
☺☺☺
☺☺☺
☺☺☺
☺☺☺
☺☺☺
☺☺☺
☺☺☺

☺☺
☺☺
☺☺
☺☺
☺☺
☺☺
☺☺
☺☺
☺☺
☺☺
☺☺
☺☺
☺☺
☺☺
☺☺
☺☺
☺☺
☺☺
☺☺
☺☺
☺☺
☺☺
☺☺
☺☺
☺☺
☺☺
☺☺
☺☺
☺☺
☺☺
☺☺
☺☺
☺☺
☺☺
☺☺
☺☺
☺☺
☺☺
☺☺
☺☺
☺☺
☺☺
☺☺
☺☺
☺☺
☺☺
☺☺
☺☺
☺☺
☺☺
☺☺
☺☺
☺☺

☺☺
☺☺
☺☺
☺☺
☺☺
☺☺
☺☺
☺☺
☺☺
☺☺
☺☺
☺☺
☺☺
☺☺
☺☺
☺☺
☺☺
☺☺
☺☺
☺☺
☺☺
☺☺
☺☺
☺☺
☺☺
☺☺
☺☺
☺☺
☺☺
☺☺
☺☺
☺☺
☺☺
☺☺
☺☺
☺☺
☺☺
☺☺
☺☺
☺☺
☺☺
☺☺
☺☺
☺☺
☺☺
☺☺
☺☺
☺☺
☺☺
☺☺
☺☺
☺☺
☺☺

☺☺
☺☺
☺☺
☺☺
☺☺
☺☺
☺☺
☺☺
☺☺
☺☺
☺☺
☺☺
☺☺
☺☺
☺☺
☺☺
☺☺
☺☺
☺☺
☺☺
☺☺
☺☺
☺☺
☺☺
☺☺
☺☺
☺☺
☺☺
☺☺
☺☺
☺☺
☺☺
☺☺
☺☺
☺☺
☺☺
☺☺
☺☺
☺☺
☺☺
☺☺
☺☺
☺☺
☺☺
☺☺
☺☺
☺☺
☺☺
☺☺
☺☺
☺☺
☺☺
☺☺

☺☺
☺☺
☺☺
☺☺
☺☺
☺☺
☺☺
☺☺
☺☺
☺☺
☺☺
☺☺
☺☺
☺☺
☺☺
☺☺
☺☺
☺☺
☺☺
☺☺
☺☺
☺☺
☺☺
☺☺
☺☺
☺☺
☺☺
☺☺
☺☺
☺☺
☺☺
☺☺
☺☺
☺☺
☺☺
☺☺
☺☺
☺☺
☺☺
☺☺
☺☺
☺☺
☺☺
☺☺
☺☺
☺☺
☺☺
☺☺
☺☺
☺☺
☺☺
☺☺
☺☺

☺☺
☺☺
☺☺
☺☺
☺☺
☺☺
☺☺
☺☺
☺☺
☺☺
☺☺
☺☺
☺☺
☺☺
☺☺
☺☺
☺☺
☺☺
☺☺
☺☺
☺☺
☺☺
☺☺
☺☺
☺☺
☺☺
☺☺
☺☺
☺☺
☺☺
☺☺
☺☺
☺☺
☺☺
☺☺
☺☺
☺☺
☺☺
☺☺
☺☺
☺☺
☺☺
☺☺
☺☺
☺☺
☺☺
☺☺
☺☺
☺☺
☺☺
☺☺
☺☺
☺☺

☺☺
☺☺
☺☺
☺☺
☺☺
☺☺
☺☺
☺☺
☺☺
☺☺
☺☺
☺☺
☺☺
☺☺
☺☺
☺☺
☺☺
☺☺
☺☺
☺☺
☺☺
☺☺
☺☺
☺☺
☺☺
☺☺
☺☺
☺☺
☺☺
☺☺
☺☺
☺☺
☺☺
☺☺
☺☺
☺☺
☺☺
☺☺
☺☺
☺☺
☺☺
☺☺
☺☺
☺☺
☺☺
☺☺
☺☺
☺☺
☺☺
☺☺
☺☺
☺☺
☺☺

☺☺
☺☺
☺☺
☺☺
☺☺
☺☺
☺☺
☺☺
☺☺
☺☺
☺☺
☺☺
☺☺
☺☺
☺☺
☺☺
☺☺
☺☺
☺☺
☺☺
☺☺
☺☺
☺☺
☺☺
☺☺
☺☺
☺☺
☺☺
☺☺
☺☺
☺☺
☺☺
☺☺
☺☺
☺☺
☺☺
☺☺
☺☺
☺☺
☺☺
☺☺
☺☺
☺☺
☺☺
☺☺
☺☺
☺☺
☺☺
☺☺
☺☺
☺☺
☺☺
☺☺

☺☺☺
☺☺☺
☺☺☺
☺☺☺
☺☺☺
☺☺☺
☺☺☺
☺☺☺
☺☺☺
☺☺☺
☺☺☺
☺☺☺
☺☺☺
☺☺☺
☺☺☺
☺☺☺
☺☺☺
☺☺☺
☺☺☺
☺☺☺
☺☺☺
☺☺☺
☺☺☺
☺☺☺
☺☺☺
☺☺☺
☺☺☺
☺☺☺
☺☺☺
☺☺☺
☺☺☺
☺☺☺
☺☺☺
☺☺☺
☺☺☺
☺☺☺
☺☺☺
☺☺☺
☺☺☺
☺☺☺
☺☺☺
☺☺☺
☺☺☺
☺☺☺
☺☺☺
☺☺☺
☺☺☺
☺☺☺
☺☺☺
☺☺☺
☺☺☺
☺☺☺
☺☺☺

☺☺
☺☺
☺☺
☺☺
☺☺
☺☺
☺☺
☺☺
☺☺
☺☺
☺☺
☺☺
☺☺
☺☺
☺☺
☺☺
☺☺
☺☺
☺☺
☺☺
☺☺
☺☺
☺☺
☺☺
☺☺
☺☺
☺☺
☺☺
☺☺
☺☺
☺☺
☺☺
☺☺
☺☺
☺☺
☺☺
☺☺
☺☺
☺☺
☺☺
☺☺
☺☺
☺☺
☺☺
☺☺
☺☺
☺☺
☺☺
☺☺
☺☺
☺☺
☺☺
☺☺

☺☺
☺☺
☺☺
☺☺
☺☺
☺☺
☺☺
☺☺
☺☺
☺☺
☺☺
☺☺
☺☺
☺☺
☺☺
☺☺
☺☺
☺☺
☺☺
☺☺
☺☺
☺☺
☺☺
☺☺
☺☺
☺☺
☺☺
☺☺
☺☺
☺☺
☺☺
☺☺
☺☺
☺☺
☺☺
☺☺
☺☺
☺☺
☺☺
☺☺
☺☺
☺☺
☺☺
☺☺
☺☺
☺☺
☺☺
☺☺
☺☺
☺☺
☺☺
☺☺
☺☺
☺☺

☺☺
☺☺
☺☺
☺☺
☺☺
☺☺
☺☺
☺☺
☺☺
☺☺
☺☺
☺☺
☺☺
☺☺
☺☺
☺☺
☺☺
☺☺
☺☺
☺☺
☺☺
☺☺
☺☺
☺☺
☺☺
☺☺
☺☺
☺☺
☺☺
☺☺
☺☺
☺☺
☺☺
☺☺
☺☺
☺☺
☺☺
☺☺
☺☺
☺☺
☺☺
☺☺
☺☺
☺☺
☺☺
☺☺
☺☺
☺☺
☺☺
☺☺
☺☺
☺☺
☺☺

☺☺
☺☺
☺☺
☺☺
☺☺
☺☺
☺☺
☺☺
☺☺
☺☺
☺☺
☺☺
☺☺
☺☺
☺☺
☺☺
☺☺
☺☺
☺☺
☺☺
☺☺
☺☺
☺☺
☺☺
☺☺
☺☺
☺☺
☺☺
☺☺
☺☺
☺☺
☺☺
☺☺
☺☺
☺☺
☺☺
☺☺
☺☺
☺☺
☺☺
☺☺
☺☺
☺☺
☺☺
☺☺
☺☺
☺☺
☺☺
☺☺
☺☺
☺☺
☺☺
☺☺
☺☺
☺☺

☺☺
☺☺
☺☺
☺☺
☺☺
☺☺
☺☺
☺☺
☺☺
☺☺
☺☺
☺☺
☺☺
☺☺
☺☺
☺☺
☺☺
☺☺
☺☺
☺☺
☺☺
☺☺
☺☺
☺☺
☺☺
☺☺
☺☺
☺☺
☺☺
☺☺
☺☺
☺☺
☺☺
☺☺
☺☺
☺☺
☺☺
☺☺
☺☺
☺☺
☺☺
☺☺
☺☺
☺☺
☺☺
☺☺
☺☺
☺☺
☺☺
☺☺
☺☺
☺☺
☺☺

☺☺
☺☺
☺☺
☺☺
☺☺
☺☺
☺☺
☺☺
☺☺
☺☺
☺☺
☺☺
☺☺
☺☺
☺☺
☺☺
☺☺
☺☺
☺☺
☺☺
☺☺
☺☺
☺☺
☺☺
☺☺
☺☺
☺☺
☺☺
☺☺
☺☺
☺☺
☺☺
☺☺
☺☺
☺☺
☺☺
☺☺
☺☺
☺☺
☺☺
☺☺
☺☺
☺☺
☺☺
☺☺
☺☺
☺☺
☺☺
☺☺
☺☺
☺☺
☺☺
☺☺

☺☺
☺☺
☺☺
☺☺
☺☺
☺☺
☺☺
☺☺
☺☺
☺☺
☺☺
☺☺
☺☺
☺☺
☺☺
☺☺
☺☺
☺☺
☺☺
☺☺
☺☺
☺☺
☺☺
☺☺
☺☺
☺☺
☺☺
☺☺
☺☺
☺☺
☺☺
☺☺
☺☺
☺☺
☺☺
☺☺
☺☺
☺☺
☺☺
☺☺
☺☺
☺☺
☺☺
☺☺
☺☺
☺☺
☺☺
☺☺
☺☺
☺☺
☺☺
☺☺
☺☺

☺☺
☺☺
☺☺
☺☺
☺☺
☺☺
☺☺
☺☺
☺☺
☺☺
☺☺
☺☺
☺☺
☺☺
☺☺
☺☺
☺☺
☺☺
☺☺
☺☺
☺☺
☺☺
☺☺
☺☺
☺☺
☺☺
☺☺
☺☺
☺☺
☺☺
☺☺
☺☺
☺☺
☺☺
☺☺
☺☺
☺☺
☺☺
☺☺
☺☺
☺☺
☺☺
☺☺
☺☺
☺☺
☺☺
☺☺
☺☺
☺☺
☺☺
☺☺
☺☺
☺☺

☺☺☺
☺☺☺
☺☺☺
☺☺☺
☺☺☺
☺☺☺
☺☺☺
☺☺☺
☺☺☺
☺☺☺
☺☺☺
☺☺☺
☺☺☺
☺☺☺
☺☺☺
☺☺☺
☺☺☺
☺☺☺
☺☺☺
☺☺☺
☺☺☺
☺☺☺
☺☺☺
☺☺☺
☺☺☺
☺☺☺
☺☺☺
☺☺☺
☺☺☺
☺☺☺
☺☺☺
☺☺☺
☺☺☺
☺☺☺
☺☺☺
☺☺☺
☺☺☺
☺☺☺
☺☺☺
☺☺☺
☺☺☺
☺☺☺
☺☺☺
☺☺☺
☺☺☺
☺☺☺
☺☺☺
☺☺☺
☺☺☺
☺☺☺
☺☺☺
☺☺☺
☺☺☺
☺☺☺

☺☺
☺☺
☺☺
☺☺
☺☺
☺☺
☺☺
☺☺
☺☺
☺☺
☺☺
☺☺
☺☺
☺☺
☺☺
☺☺
☺☺
☺☺
☺☺
☺☺
☺☺
☺☺
☺☺
☺☺
☺☺
☺☺
☺☺
☺☺
☺☺
☺☺
☺☺
☺☺
☺☺
☺☺
☺☺
☺☺
☺☺
☺☺
☺☺
☺☺
☺☺
☺☺
☺☺
☺☺
☺☺
☺☺
☺☺
☺☺
☺☺
☺☺
☺☺
☺☺
☺☺

☺☺
☺☺
☺☺
☺☺
☺☺
☺☺
☺☺
☺☺
☺☺
☺☺
☺☺
☺☺
☺☺
☺☺
☺☺
☺☺
☺☺
☺☺
☺☺
☺☺
☺☺
☺☺
☺☺
☺☺
☺☺
☺☺
☺☺
☺☺
☺☺
☺☺
☺☺
☺☺
☺☺
☺☺
☺☺
☺☺
☺☺
☺☺
☺☺
☺☺
☺☺
☺☺
☺☺
☺☺
☺☺
☺☺
☺☺
☺☺
☺☺
☺☺
☺☺
☺☺
☺☺

☺☺
☺☺
☺☺
☺☺
☺☺
☺☺
☺☺
☺☺
☺☺
☺☺
☺☺
☺☺
☺☺
☺☺
☺☺
☺☺
☺☺
☺☺
☺☺
☺☺
☺☺
☺☺
☺☺
☺☺
☺☺
☺☺
☺☺
☺☺
☺☺
☺☺
☺☺
☺☺
☺☺
☺☺
☺☺
☺☺
☺☺
☺☺
☺☺
☺☺
☺☺
☺☺
☺☺
☺☺
☺☺
☺☺
☺☺
☺☺
☺☺
☺☺
☺☺
☺☺
☺☺

☺☺
☺☺
☺☺
☺☺
☺☺
☺☺
☺☺
☺☺
☺☺
☺☺
☺☺
☺☺
☺☺
☺☺
☺☺
☺☺
☺☺
☺☺
☺☺
☺☺
☺☺
☺☺
☺☺
☺☺
☺☺
☺☺
☺☺
☺☺
☺☺
☺☺
☺☺
☺☺
☺☺
☺☺
☺☺
☺☺
☺☺
☺☺
☺☺
☺☺
☺☺
☺☺
☺☺
☺☺
☺☺
☺☺
☺☺
☺☺
☺☺
☺☺
☺☺
☺☺
☺☺

☺☺
☺☺
☺☺
☺☺
☺☺
☺☺
☺☺
☺☺
☺☺
☺☺
☺☺
☺☺
☺☺
☺☺
☺☺
☺☺
☺☺
☺☺
☺☺
☺☺
☺☺
☺☺
☺☺
☺☺
☺☺
☺☺
☺☺
☺☺
☺☺
☺☺
☺☺
☺☺
☺☺
☺☺
☺☺
☺☺
☺☺
☺☺
☺☺
☺☺
☺☺
☺☺
☺☺
☺☺
☺☺
☺☺
☺☺
☺☺
☺☺
☺☺
☺☺
☺☺
☺☺
☺☺
☺☺
☺☺

☺☺☺
☺☺☺
☺☺☺
☺☺☺
☺☺☺
☺☺☺
☺☺☺
☺☺☺
☺☺☺
☺☺☺
☺☺☺
☺☺☺
☺☺☺
☺☺☺
☺☺☺
☺☺☺
☺☺☺
☺☺☺
☺☺☺
☺☺☺
☺☺☺
☺☺☺
☺☺☺
☺☺☺
☺☺☺
☺☺☺
☺☺☺
☺☺☺
☺☺☺
☺☺☺
☺☺☺
☺☺☺
☺☺☺
☺☺☺
☺☺☺
☺☺☺
☺☺☺
☺☺☺
☺☺☺
☺☺☺
☺☺☺
☺☺☺
☺☺☺
☺☺☺
☺☺☺
☺☺☺
☺☺☺
☺☺☺
☺☺☺
☺☺☺
☺☺☺
☺☺☺
☺☺☺
☺☺☺
☺☺☺
☺☺☺

☺☺
☺☺
☺☺
☺☺
☺☺
☺☺
☺☺
☺☺
☺☺
☺☺
☺☺
☺☺
☺☺
☺☺
☺☺
☺☺
☺☺
☺☺
☺☺
☺☺
☺☺
☺☺
☺☺
☺☺
☺☺
☺☺
☺☺
☺☺
☺☺
☺☺
☺☺
☺☺
☺☺
☺☺
☺☺
☺☺
☺☺
☺☺
☺☺
☺☺
☺☺
☺☺
☺☺
☺☺
☺☺
☺☺
☺☺
☺☺
☺☺
☺☺
☺☺
☺☺
☺☺

☺☺
☺☺
☺☺
☺☺
☺☺
☺☺
☺☺
☺☺
☺☺
☺☺
☺☺
☺☺
☺☺
☺☺
☺☺
☺☺
☺☺
☺☺
☺☺
☺☺
☺☺
☺☺
☺☺
☺☺
☺☺
☺☺
☺☺
☺☺
☺☺
☺☺
☺☺
☺☺
☺☺
☺☺
☺☺
☺☺
☺☺
☺☺
☺☺
☺☺
☺☺
☺☺
☺☺
☺☺
☺☺
☺☺
☺☺
☺☺
☺☺
☺☺
☺☺
☺☺
☺☺

☺☺
☺☺
☺☺
☺☺
☺☺
☺☺
☺☺
☺☺
☺☺
☺☺
☺☺
☺☺
☺☺
☺☺
☺☺
☺☺
☺☺
☺☺
☺☺
☺☺
☺☺
☺☺
☺☺
☺☺
☺☺
☺☺
☺☺
☺☺
☺☺
☺☺
☺☺
☺☺
☺☺
☺☺
☺☺
☺☺
☺☺
☺☺
☺☺
☺☺
☺☺
☺☺
☺☺
☺☺
☺☺
☺☺
☺☺
☺☺
☺☺
☺☺
☺☺
☺☺
☺☺

☺☺
☺☺
☺☺
☺☺
☺☺
☺☺
☺☺
☺☺
☺☺
☺☺
☺☺
☺☺
☺☺
☺☺
☺☺
☺☺
☺☺
☺☺
☺☺
☺☺
☺☺
☺☺
☺☺
☺☺
☺☺
☺☺
☺☺
☺☺
☺☺
☺☺
☺☺
☺☺
☺☺
☺☺
☺☺
☺☺
☺☺
☺☺
☺☺
☺☺
☺☺
☺☺
☺☺
☺☺
☺☺
☺☺
☺☺
☺☺
☺☺
☺☺
☺☺
☺☺
☺☺

☺☺
☺☺
☺☺
☺☺
☺☺
☺☺
☺☺
☺☺
☺☺
☺☺
☺☺
☺☺
☺☺
☺☺
☺☺
☺☺
☺☺
☺☺
☺☺
☺☺
☺☺
☺☺
☺☺
☺☺
☺☺
☺☺
☺☺
☺☺
☺☺
☺☺
☺☺
☺☺
☺☺
☺☺
☺☺
☺☺
☺☺
☺☺
☺☺
☺☺
☺☺
☺☺
☺☺
☺☺
☺☺
☺☺
☺☺
☺☺
☺☺
☺☺
☺☺
☺☺

☺☺
☺☺
☺☺
☺☺
☺☺
☺☺
☺☺
☺☺
☺☺
☺☺
☺☺
☺☺
☺☺
☺☺
☺☺
☺☺
☺☺
☺☺
☺☺
☺☺
☺☺
☺☺
☺☺
☺☺
☺☺
☺☺
☺☺
☺☺
☺☺
☺☺
☺☺
☺☺
☺☺
☺☺
☺☺
☺☺
☺☺
☺☺
☺☺
☺☺
☺☺
☺☺
☺☺
☺☺
☺☺
☺☺
☺☺
☺☺
☺☺
☺☺
☺☺
☺☺
☺☺

☺☺
☺☺
☺☺
☺☺
☺☺
☺☺
☺☺
☺☺
☺☺
☺☺
☺☺
☺☺
☺☺
☺☺
☺☺
☺☺
☺☺
☺☺
☺☺
☺☺
☺☺
☺☺
☺☺
☺☺
☺☺
☺☺
☺☺
☺☺
☺☺
☺☺
☺☺
☺☺
☺☺
☺☺
☺☺
☺☺
☺☺
☺☺
☺☺
☺☺
☺☺
☺☺
☺☺
☺☺
☺☺
☺☺
☺☺
☺☺
☺☺
☺☺
☺☺
☺☺

☺☺
☺☺
☺☺
☺☺
☺☺
☺☺
☺☺
☺☺
☺☺
☺☺
☺☺
☺☺
☺☺
☺☺
☺☺
☺☺
☺☺
☺☺
☺☺
☺☺
☺☺
☺☺
☺☺
☺☺
☺☺
☺☺
☺☺
☺☺
☺☺
☺☺
☺☺
☺☺
☺☺
☺☺
☺☺
☺☺
☺☺
☺☺
☺☺
☺☺
☺☺
☺☺
☺☺
☺☺
☺☺
☺☺
☺☺
☺☺
☺☺
☺☺
☺☺
☺☺
☺☺

☺☺☺
☺☺☺
☺☺☺
☺☺☺
☺☺☺
☺☺☺
☺☺☺
☺☺☺
☺☺☺
☺☺☺
☺☺☺
☺☺☺
☺☺☺
☺☺☺
☺☺☺
☺☺☺
☺☺☺
☺☺☺
☺☺☺
☺☺☺
☺☺☺
☺☺☺
☺☺☺
☺☺☺
☺☺☺
☺☺☺
☺☺☺
☺☺☺
☺☺☺
☺☺☺
☺☺☺
☺☺☺
☺☺☺
☺☺☺
☺☺☺
☺☺☺
☺☺☺
☺☺☺
☺☺☺
☺☺☺
☺☺☺
☺☺☺
☺☺☺
☺☺☺
☺☺☺
☺☺☺
☺☺☺
☺☺☺
☺☺☺
☺☺☺
☺☺☺
☺☺☺
☺☺☺

☺☺☺
☺☺☺
☺☺☺
☺☺☺
☺☺☺
☺☺☺
☺☺☺
☺☺☺
☺☺☺
☺☺☺
☺☺☺
☺☺☺
☺☺☺
☺☺☺
☺☺☺
☺☺☺
☺☺☺
☺☺☺
☺☺☺
☺☺☺
☺☺☺
☺☺☺
☺☺☺
☺☺☺
☺☺☺
☺☺☺
☺☺☺
☺☺☺
☺☺☺
☺☺☺
☺☺☺
☺☺☺
☺☺☺
☺☺☺
☺☺☺
☺☺☺
☺☺☺
☺☺☺
☺☺☺
☺☺☺
☺☺☺
☺☺☺
☺☺☺
☺☺☺
☺☺☺
☺☺☺
☺☺☺
☺☺☺
☺☺☺
☺☺☺
☺☺☺
☺☺☺
☺☺☺
☺☺☺
☺☺☺
☺☺☺
☺☺☺
☺☺☺

☺☺
☺☺
☺☺
☺☺
☺☺
☺☺
☺☺
☺☺
☺☺
☺☺
☺☺
☺☺
☺☺
☺☺
☺☺
☺☺
☺☺
☺☺
☺☺
☺☺
☺☺
☺☺
☺☺
☺☺
☺☺
☺☺
☺☺
☺☺
☺☺
☺☺
☺☺
☺☺
☺☺
☺☺
☺☺
☺☺
☺☺
☺☺
☺☺
☺☺
☺☺
☺☺
☺☺
☺☺
☺☺
☺☺
☺☺
☺☺
☺☺
☺☺
☺☺
☺☺
☺☺
☺☺
☺☺
☺☺

☺☺
☺☺
☺☺
☺☺
☺☺
☺☺
☺☺
☺☺
☺☺
☺☺
☺☺
☺☺
☺☺
☺☺
☺☺
☺☺
☺☺
☺☺
☺☺
☺☺
☺☺
☺☺
☺☺
☺☺
☺☺
☺☺
☺☺
☺☺
☺☺
☺☺
☺☺
☺☺
☺☺
☺☺
☺☺
☺☺
☺☺
☺☺
☺☺
☺☺
☺☺
☺☺
☺☺
☺☺
☺☺
☺☺
☺☺
☺☺
☺☺
☺☺
☺☺
☺☺
☺☺

☺☺☺
☺☺☺
☺☺☺
☺☺☺
☺☺☺
☺☺☺
☺☺☺
☺☺☺
☺☺☺
☺☺☺
☺☺☺
☺☺☺
☺☺☺
☺☺☺
☺☺☺
☺☺☺
☺☺☺
☺☺☺
☺☺☺
☺☺☺
☺☺☺
☺☺☺
☺☺☺
☺☺☺
☺☺☺
☺☺☺
☺☺☺
☺☺☺
☺☺☺
☺☺☺
☺☺☺
☺☺☺
☺☺☺
☺☺☺
☺☺☺
☺☺☺
☺☺☺
☺☺☺
☺☺☺
☺☺☺
☺☺☺
☺☺☺
☺☺☺
☺☺☺
☺☺☺
☺☺☺
☺☺☺
☺☺☺
☺☺☺
☺☺☺
☺☺☺
☺☺☺
☺☺☺

☺☺
☺☺
☺☺
☺☺
☺☺
☺☺
☺☺
☺☺
☺☺
☺☺
☺☺
☺☺
☺☺
☺☺
☺☺
☺☺
☺☺
☺☺
☺☺
☺☺
☺☺
☺☺
☺☺
☺☺
☺☺
☺☺
☺☺
☺☺
☺☺
☺☺
☺☺
☺☺
☺☺
☺☺
☺☺
☺☺
☺☺
☺☺
☺☺
☺☺
☺☺
☺☺
☺☺
☺☺
☺☺
☺☺
☺☺
☺☺
☺☺
☺☺
☺☺
☺☺
☺☺

☺☺☺
☺☺☺
☺☺☺
☺☺☺
☺☺☺
☺☺☺
☺☺☺
☺☺☺
☺☺☺
☺☺☺
☺☺☺
☺☺☺
☺☺☺
☺☺☺
☺☺☺
☺☺☺
☺☺☺
☺☺☺
☺☺☺
☺☺☺
☺☺☺
☺☺☺
☺☺☺
☺☺☺
☺☺☺
☺☺☺
☺☺☺
☺☺☺
☺☺☺
☺☺☺
☺☺☺
☺☺☺
☺☺☺
☺☺☺
☺☺☺
☺☺☺
☺☺☺
☺☺☺
☺☺☺
☺☺☺
☺☺☺
☺☺☺
☺☺☺
☺☺☺
☺☺☺
☺☺☺
☺☺☺
☺☺☺
☺☺☺
☺☺☺
☺☺☺
☺☺☺
☺☺☺

☺☺
☺☺
☺☺
☺☺
☺☺
☺☺
☺☺
☺☺
☺☺
☺☺
☺☺
☺☺
☺☺
☺☺
☺☺
☺☺
☺☺
☺☺
☺☺
☺☺
☺☺
☺☺
☺☺
☺☺
☺☺
☺☺
☺☺
☺☺
☺☺
☺☺
☺☺
☺☺
☺☺
☺☺
☺☺
☺☺
☺☺
☺☺
☺☺
☺☺
☺☺
☺☺
☺☺
☺☺
☺☺
☺☺
☺☺
☺☺
☺☺
☺☺
☺☺
☺☺
☺☺

☺☺
☺☺
☺☺
☺☺
☺☺
☺☺
☺☺
☺☺
☺☺
☺☺
☺☺
☺☺
☺☺
☺☺
☺☺
☺☺
☺☺
☺☺
☺☺
☺☺
☺☺
☺☺
☺☺
☺☺
☺☺
☺☺
☺☺
☺☺
☺☺
☺☺
☺☺
☺☺
☺☺
☺☺
☺☺
☺☺
☺☺
☺☺
☺☺
☺☺
☺☺
☺☺
☺☺
☺☺
☺☺
☺☺
☺☺
☺☺
☺☺
☺☺
☺☺
☺☺
☺☺

☺☺
☺☺
☺☺
☺☺
☺☺
☺☺
☺☺
☺☺
☺☺
☺☺
☺☺
☺☺
☺☺
☺☺
☺☺
☺☺
☺☺
☺☺
☺☺
☺☺
☺☺
☺☺
☺☺
☺☺
☺☺
☺☺
☺☺
☺☺
☺☺
☺☺
☺☺
☺☺
☺☺
☺☺
☺☺
☺☺
☺☺
☺☺
☺☺
☺☺
☺☺
☺☺
☺☺
☺☺
☺☺
☺☺
☺☺
☺☺
☺☺
☺☺
☺☺
☺☺
☺☺

☺☺
☺☺
☺☺
☺☺
☺☺
☺☺
☺☺
☺☺
☺☺
☺☺
☺☺
☺☺
☺☺
☺☺
☺☺
☺☺
☺☺
☺☺
☺☺
☺☺
☺☺
☺☺
☺☺
☺☺
☺☺
☺☺
☺☺
☺☺
☺☺
☺☺
☺☺
☺☺
☺☺
☺☺
☺☺
☺☺
☺☺
☺☺
☺☺
☺☺
☺☺
☺☺
☺☺
☺☺
☺☺
☺☺
☺☺
☺☺
☺☺
☺☺
☺☺
☺☺
☺☺

☺☺
☺☺
☺☺
☺☺
☺☺
☺☺
☺☺
☺☺
☺☺
☺☺
☺☺
☺☺
☺☺
☺☺
☺☺
☺☺
☺☺
☺☺
☺☺
☺☺
☺☺
☺☺
☺☺
☺☺
☺☺
☺☺
☺☺
☺☺
☺☺
☺☺
☺☺
☺☺
☺☺
☺☺
☺☺
☺☺
☺☺
☺☺
☺☺
☺☺
☺☺
☺☺
☺☺
☺☺
☺☺
☺☺
☺☺
☺☺
☺☺
☺☺
☺☺
☺☺
☺☺

☺☺
☺☺
☺☺
☺☺
☺☺
☺☺
☺☺
☺☺
☺☺
☺☺
☺☺
☺☺
☺☺
☺☺
☺☺
☺☺
☺☺
☺☺
☺☺
☺☺
☺☺
☺☺
☺☺
☺☺
☺☺
☺☺
☺☺
☺☺
☺☺
☺☺
☺☺
☺☺
☺☺
☺☺
☺☺
☺☺
☺☺
☺☺
☺☺
☺☺
☺☺
☺☺
☺☺
☺☺
☺☺
☺☺
☺☺
☺☺
☺☺
☺☺
☺☺
☺☺
☺☺

☺☺☺
☺☺☺
☺☺☺
☺☺☺
☺☺☺
☺☺☺
☺☺☺
☺☺☺
☺☺☺
☺☺☺
☺☺☺
☺☺☺
☺☺☺
☺☺☺
☺☺☺
☺☺☺
☺☺☺
☺☺☺
☺☺☺
☺☺☺
☺☺☺
☺☺☺
☺☺☺
☺☺☺
☺☺☺
☺☺☺
☺☺☺
☺☺☺
☺☺☺
☺☺☺
☺☺☺
☺☺☺
☺☺☺
☺☺☺
☺☺☺
☺☺☺
☺☺☺
☺☺☺
☺☺☺
☺☺☺
☺☺☺
☺☺☺
☺☺☺
☺☺☺
☺☺☺
☺☺☺
☺☺☺
☺☺☺
☺☺☺
☺☺☺
☺☺☺
☺☺☺
☺☺☺

☺☺
☺☺
☺☺
☺☺
☺☺
☺☺
☺☺
☺☺
☺☺
☺☺
☺☺
☺☺
☺☺
☺☺
☺☺
☺☺
☺☺
☺☺
☺☺
☺☺
☺☺
☺☺
☺☺
☺☺
☺☺
☺☺
☺☺
☺☺
☺☺
☺☺
☺☺
☺☺
☺☺
☺☺
☺☺
☺☺
☺☺
☺☺
☺☺
☺☺
☺☺
☺☺
☺☺
☺☺
☺☺
☺☺
☺☺
☺☺
☺☺
☺☺
☺☺
☺☺
☺☺
☺☺
☺☺
☺☺
☺☺
☺☺
☺☺

☺☺
☺☺
☺☺
☺☺
☺☺
☺☺
☺☺
☺☺
☺☺
☺☺
☺☺
☺☺
☺☺
☺☺
☺☺
☺☺
☺☺
☺☺
☺☺
☺☺
☺☺
☺☺
☺☺
☺☺
☺☺
☺☺
☺☺
☺☺
☺☺
☺☺
☺☺
☺☺
☺☺
☺☺
☺☺
☺☺
☺☺
☺☺
☺☺
☺☺
☺☺
☺☺
☺☺
☺☺
☺☺
☺☺
☺☺
☺☺
☺☺
☺☺
☺☺
☺☺
☺☺

☺☺
☺☺
☺☺
☺☺
☺☺
☺☺
☺☺
☺☺
☺☺
☺☺
☺☺
☺☺
☺☺
☺☺
☺☺
☺☺
☺☺
☺☺
☺☺
☺☺
☺☺
☺☺
☺☺
☺☺
☺☺
☺☺
☺☺
☺☺
☺☺
☺☺
☺☺
☺☺
☺☺
☺☺
☺☺
☺☺
☺☺
☺☺
☺☺
☺☺
☺☺
☺☺
☺☺
☺☺
☺☺
☺☺
☺☺
☺☺
☺☺
☺☺
☺☺
☺☺
☺☺

☺☺
☺☺
☺☺
☺☺
☺☺
☺☺
☺☺
☺☺
☺☺
☺☺
☺☺
☺☺
☺☺
☺☺
☺☺
☺☺
☺☺
☺☺
☺☺
☺☺
☺☺
☺☺
☺☺
☺☺
☺☺
☺☺
☺☺
☺☺
☺☺
☺☺
☺☺
☺☺
☺☺
☺☺
☺☺
☺☺
☺☺
☺☺
☺☺
☺☺
☺☺
☺☺
☺☺
☺☺
☺☺
☺☺
☺☺
☺☺
☺☺
☺☺
☺☺
☺☺
☺☺

☺☺☺
☺☺☺
☺☺☺
☺☺☺
☺☺☺
☺☺☺
☺☺☺
☺☺☺
☺☺☺
☺☺☺
☺☺☺
☺☺☺
☺☺☺
☺☺☺
☺☺☺
☺☺☺
☺☺☺
☺☺☺
☺☺☺
☺☺☺
☺☺☺
☺☺☺
☺☺☺
☺☺☺
☺☺☺
☺☺☺
☺☺☺
☺☺☺
☺☺☺
☺☺☺
☺☺☺
☺☺☺
☺☺☺
☺☺☺
☺☺☺
☺☺☺
☺☺☺
☺☺☺
☺☺☺
☺☺☺
☺☺☺
☺☺☺
☺☺☺
☺☺☺
☺☺☺
☺☺☺
☺☺☺
☺☺☺
☺☺☺
☺☺☺
☺☺☺
☺☺☺
☺☺☺
☺☺☺
☺☺☺
☺☺☺
☺☺☺
☺☺☺
☺☺☺

☺☺
☺☺
☺☺
☺☺
☺☺
☺☺
☺☺
☺☺
☺☺
☺☺
☺☺
☺☺
☺☺
☺☺
☺☺
☺☺
☺☺
☺☺
☺☺
☺☺
☺☺
☺☺
☺☺
☺☺
☺☺
☺☺
☺☺
☺☺
☺☺
☺☺
☺☺
☺☺
☺☺
☺☺
☺☺
☺☺
☺☺
☺☺
☺☺
☺☺
☺☺
☺☺
☺☺
☺☺
☺☺
☺☺
☺☺
☺☺
☺☺
☺☺
☺☺
☺☺
☺☺

☺☺☺
☺☺☺
☺☺☺
☺☺☺
☺☺☺
☺☺☺
☺☺☺
☺☺☺
☺☺☺
☺☺☺
☺☺☺
☺☺☺
☺☺☺
☺☺☺
☺☺☺
☺☺☺
☺☺☺
☺☺☺
☺☺☺
☺☺☺
☺☺☺
☺☺☺
☺☺☺
☺☺☺
☺☺☺
☺☺☺
☺☺☺
☺☺☺
☺☺☺
☺☺☺
☺☺☺
☺☺☺
☺☺☺
☺☺☺
☺☺☺
☺☺☺
☺☺☺
☺☺☺
☺☺☺
☺☺☺
☺☺☺
☺☺☺
☺☺☺
☺☺☺
☺☺☺
☺☺☺
☺☺☺
☺☺☺
☺☺☺
☺☺☺
☺☺☺
☺☺☺
☺☺☺
☺☺☺
☺☺☺
☺☺☺
☺☺☺
☺☺☺

☺☺
☺☺
☺☺
☺☺
☺☺
☺☺
☺☺
☺☺
☺☺
☺☺
☺☺
☺☺
☺☺
☺☺
☺☺
☺☺
☺☺
☺☺
☺☺
☺☺
☺☺
☺☺
☺☺
☺☺
☺☺
☺☺
☺☺
☺☺
☺☺
☺☺
☺☺
☺☺
☺☺
☺☺
☺☺
☺☺
☺☺
☺☺
☺☺
☺☺
☺☺
☺☺
☺☺
☺☺
☺☺
☺☺
☺☺
☺☺
☺☺
☺☺
☺☺
☺☺
☺☺

☺☺
☺☺
☺☺
☺☺
☺☺
☺☺
☺☺
☺☺
☺☺
☺☺
☺☺
☺☺
☺☺
☺☺
☺☺
☺☺
☺☺
☺☺
☺☺
☺☺
☺☺
☺☺
☺☺
☺☺
☺☺
☺☺
☺☺
☺☺
☺☺
☺☺
☺☺
☺☺
☺☺
☺☺
☺☺
☺☺
☺☺
☺☺
☺☺
☺☺
☺☺
☺☺
☺☺
☺☺
☺☺
☺☺
☺☺
☺☺
☺☺
☺☺
☺☺
☺☺
☺☺

☺☺
☺☺
☺☺
☺☺
☺☺
☺☺
☺☺
☺☺
☺☺
☺☺
☺☺
☺☺
☺☺
☺☺
☺☺
☺☺
☺☺
☺☺
☺☺
☺☺
☺☺
☺☺
☺☺
☺☺
☺☺
☺☺
☺☺
☺☺
☺☺
☺☺
☺☺
☺☺
☺☺
☺☺
☺☺
☺☺
☺☺
☺☺
☺☺
☺☺
☺☺
☺☺
☺☺
☺☺
☺☺
☺☺
☺☺
☺☺
☺☺
☺☺
☺☺
☺☺
☺☺
☺☺

☺☺
☺☺
☺☺
☺☺
☺☺
☺☺
☺☺
☺☺
☺☺
☺☺
☺☺
☺☺
☺☺
☺☺
☺☺
☺☺
☺☺
☺☺
☺☺
☺☺
☺☺
☺☺
☺☺
☺☺
☺☺
☺☺
☺☺
☺☺
☺☺
☺☺
☺☺
☺☺
☺☺
☺☺
☺☺
☺☺
☺☺
☺☺
☺☺
☺☺
☺☺
☺☺
☺☺
☺☺
☺☺
☺☺
☺☺
☺☺
☺☺
☺☺
☺☺
☺☺
☺☺

☺☺
☺☺
☺☺
☺☺
☺☺
☺☺
☺☺
☺☺
☺☺
☺☺
☺☺
☺☺
☺☺
☺☺
☺☺
☺☺
☺☺
☺☺
☺☺
☺☺
☺☺
☺☺
☺☺
☺☺
☺☺
☺☺
☺☺
☺☺
☺☺
☺☺
☺☺
☺☺
☺☺
☺☺
☺☺
☺☺
☺☺
☺☺
☺☺
☺☺
☺☺
☺☺
☺☺
☺☺
☺☺
☺☺
☺☺
☺☺
☺☺
☺☺
☺☺
☺☺
☺☺

☺☺
☺☺
☺☺
☺☺
☺☺
☺☺
☺☺
☺☺
☺☺
☺☺
☺☺
☺☺
☺☺
☺☺
☺☺
☺☺
☺☺
☺☺
☺☺
☺☺
☺☺
☺☺
☺☺
☺☺
☺☺
☺☺
☺☺
☺☺
☺☺
☺☺
☺☺
☺☺
☺☺
☺☺
☺☺
☺☺
☺☺
☺☺
☺☺
☺☺
☺☺
☺☺
☺☺
☺☺
☺☺
☺☺
☺☺
☺☺
☺☺
☺☺
☺☺
☺☺
☺☺

☺☺
☺☺
☺☺
☺☺
☺☺
☺☺
☺☺
☺☺
☺☺
☺☺
☺☺
☺☺
☺☺
☺☺
☺☺
☺☺
☺☺
☺☺
☺☺
☺☺
☺☺
☺☺
☺☺
☺☺
☺☺
☺☺
☺☺
☺☺
☺☺
☺☺
☺☺
☺☺
☺☺
☺☺
☺☺
☺☺
☺☺
☺☺
☺☺
☺☺
☺☺
☺☺
☺☺
☺☺
☺☺
☺☺
☺☺
☺☺
☺☺
☺☺
☺☺
☺☺
☺☺

☺☺
☺☺
☺☺
☺☺
☺☺
☺☺
☺☺
☺☺
☺☺
☺☺
☺☺
☺☺
☺☺
☺☺
☺☺
☺☺
☺☺
☺☺
☺☺
☺☺
☺☺
☺☺
☺☺
☺☺
☺☺
☺☺
☺☺
☺☺
☺☺
☺☺
☺☺
☺☺
☺☺
☺☺
☺☺
☺☺
☺☺
☺☺
☺☺
☺☺
☺☺
☺☺
☺☺
☺☺
☺☺
☺☺
☺☺
☺☺
☺☺
☺☺
☺☺
☺☺
☺☺
☺☺

☺☺
☺☺
☺☺
☺☺
☺☺
☺☺
☺☺
☺☺
☺☺
☺☺
☺☺
☺☺
☺☺
☺☺
☺☺
☺☺
☺☺
☺☺
☺☺
☺☺
☺☺
☺☺
☺☺
☺☺
☺☺
☺☺
☺☺
☺☺
☺☺
☺☺
☺☺
☺☺
☺☺
☺☺
☺☺
☺☺
☺☺
☺☺
☺☺
☺☺
☺☺
☺☺
☺☺
☺☺
☺☺
☺☺
☺☺
☺☺
☺☺
☺☺
☺☺
☺☺
☺☺

☺☺
☺☺
☺☺
☺☺
☺☺
☺☺
☺☺
☺☺
☺☺
☺☺
☺☺
☺☺
☺☺
☺☺
☺☺
☺☺
☺☺
☺☺
☺☺
☺☺
☺☺
☺☺
☺☺
☺☺
☺☺
☺☺
☺☺
☺☺
☺☺
☺☺
☺☺
☺☺
☺☺
☺☺
☺☺
☺☺
☺☺
☺☺
☺☺
☺☺
☺☺
☺☺
☺☺
☺☺
☺☺
☺☺
☺☺
☺☺
☺☺
☺☺
☺☺
☺☺

☺☺
☺☺
☺☺
☺☺
☺☺
☺☺
☺☺
☺☺
☺☺
☺☺
☺☺
☺☺
☺☺
☺☺
☺☺
☺☺
☺☺
☺☺
☺☺
☺☺
☺☺
☺☺
☺☺
☺☺
☺☺
☺☺
☺☺
☺☺
☺☺
☺☺
☺☺
☺☺
☺☺
☺☺
☺☺
☺☺
☺☺
☺☺
☺☺
☺☺
☺☺
☺☺
☺☺
☺☺
☺☺
☺☺
☺☺
☺☺
☺☺
☺☺
☺☺
☺☺
☺☺

☺☺☺
☺☺☺
☺☺☺
☺☺☺
☺☺☺
☺☺☺
☺☺☺
☺☺☺
☺☺☺
☺☺☺
☺☺☺
☺☺☺
☺☺☺
☺☺☺
☺☺☺
☺☺☺
☺☺☺
☺☺☺
☺☺☺
☺☺☺
☺☺☺
☺☺☺
☺☺☺
☺☺☺
☺☺☺
☺☺☺
☺☺☺
☺☺☺
☺☺☺
☺☺☺
☺☺☺
☺☺☺
☺☺☺
☺☺☺
☺☺☺
☺☺☺
☺☺☺
☺☺☺
☺☺☺
☺☺☺
☺☺☺
☺☺☺
☺☺☺
☺☺☺
☺☺☺
☺☺☺
☺☺☺
☺☺☺
☺☺☺
☺☺☺
☺☺☺
☺☺☺

☺☺
☺☺
☺☺
☺☺
☺☺
☺☺
☺☺
☺☺
☺☺
☺☺
☺☺
☺☺
☺☺
☺☺
☺☺
☺☺
☺☺
☺☺
☺☺
☺☺
☺☺
☺☺
☺☺
☺☺
☺☺
☺☺
☺☺
☺☺
☺☺
☺☺
☺☺
☺☺
☺☺
☺☺
☺☺
☺☺
☺☺
☺☺
☺☺
☺☺
☺☺
☺☺
☺☺
☺☺
☺☺
☺☺
☺☺
☺☺
☺☺
☺☺
☺☺
☺☺
☺☺

☺☺
☺☺
☺☺
☺☺
☺☺
☺☺
☺☺
☺☺
☺☺
☺☺
☺☺
☺☺
☺☺
☺☺
☺☺
☺☺
☺☺
☺☺
☺☺
☺☺
☺☺
☺☺
☺☺
☺☺
☺☺
☺☺
☺☺
☺☺
☺☺
☺☺
☺☺
☺☺
☺☺
☺☺
☺☺
☺☺
☺☺
☺☺
☺☺
☺☺
☺☺
☺☺
☺☺
☺☺
☺☺
☺☺
☺☺
☺☺
☺☺
☺☺
☺☺

☺☺
☺☺
☺☺
☺☺
☺☺
☺☺
☺☺
☺☺
☺☺
☺☺
☺☺
☺☺
☺☺
☺☺
☺☺
☺☺
☺☺
☺☺
☺☺
☺☺
☺☺
☺☺
☺☺
☺☺
☺☺
☺☺
☺☺
☺☺
☺☺
☺☺
☺☺
☺☺
☺☺
☺☺
☺☺
☺☺
☺☺
☺☺
☺☺
☺☺
☺☺
☺☺
☺☺
☺☺
☺☺
☺☺
☺☺
☺☺
☺☺
☺☺
☺☺
☺☺
☺☺

☺☺
☺☺
☺☺
☺☺
☺☺
☺☺
☺☺
☺☺
☺☺
☺☺
☺☺
☺☺
☺☺
☺☺
☺☺
☺☺
☺☺
☺☺
☺☺
☺☺
☺☺
☺☺
☺☺
☺☺
☺☺
☺☺
☺☺
☺☺
☺☺
☺☺
☺☺
☺☺
☺☺
☺☺
☺☺
☺☺
☺☺
☺☺
☺☺
☺☺
☺☺
☺☺
☺☺
☺☺
☺☺
☺☺
☺☺
☺☺
☺☺
☺☺
☺☺
☺☺
☺☺

☺☺
☺☺
☺☺
☺☺
☺☺
☺☺
☺☺
☺☺
☺☺
☺☺
☺☺
☺☺
☺☺
☺☺
☺☺
☺☺
☺☺
☺☺
☺☺
☺☺
☺☺
☺☺
☺☺
☺☺
☺☺
☺☺
☺☺
☺☺
☺☺
☺☺
☺☺
☺☺
☺☺
☺☺
☺☺
☺☺
☺☺
☺☺
☺☺
☺☺
☺☺
☺☺
☺☺
☺☺
☺☺
☺☺
☺☺
☺☺
☺☺
☺☺
☺☺
☺☺
☺☺

☺☺
☺☺
☺☺
☺☺
☺☺
☺☺
☺☺
☺☺
☺☺
☺☺
☺☺
☺☺
☺☺
☺☺
☺☺
☺☺
☺☺
☺☺
☺☺
☺☺
☺☺
☺☺
☺☺
☺☺
☺☺
☺☺
☺☺
☺☺
☺☺
☺☺
☺☺
☺☺
☺☺
☺☺
☺☺
☺☺
☺☺
☺☺
☺☺
☺☺
☺☺
☺☺
☺☺
☺☺
☺☺
☺☺
☺☺
☺☺
☺☺
☺☺
☺☺
☺☺
☺☺

☺☺☺
☺☺☺
☺☺☺
☺☺☺
☺☺☺
☺☺☺
☺☺☺
☺☺☺
☺☺☺
☺☺☺
☺☺☺
☺☺☺
☺☺☺
☺☺☺
☺☺☺
☺☺☺
☺☺☺
☺☺☺
☺☺☺
☺☺☺
☺☺☺
☺☺☺
☺☺☺
☺☺☺
☺☺☺
☺☺☺
☺☺☺
☺☺☺
☺☺☺
☺☺☺
☺☺☺
☺☺☺
☺☺☺
☺☺☺
☺☺☺
☺☺☺
☺☺☺
☺☺☺
☺☺☺
☺☺☺
☺☺☺
☺☺☺
☺☺☺
☺☺☺
☺☺☺
☺☺☺
☺☺☺
☺☺☺
☺☺☺
☺☺☺
☺☺☺
☺☺☺
☺☺☺

☺☺
☺☺
☺☺
☺☺
☺☺
☺☺
☺☺
☺☺
☺☺
☺☺
☺☺
☺☺
☺☺
☺☺
☺☺
☺☺
☺☺
☺☺
☺☺
☺☺
☺☺
☺☺
☺☺
☺☺
☺☺
☺☺
☺☺
☺☺
☺☺
☺☺
☺☺
☺☺
☺☺
☺☺
☺☺
☺☺
☺☺
☺☺
☺☺
☺☺
☺☺
☺☺
☺☺
☺☺
☺☺
☺☺
☺☺
☺☺
☺☺
☺☺
☺☺
☺☺
☺☺

☺☺
☺☺
☺☺
☺☺
☺☺
☺☺
☺☺
☺☺
☺☺
☺☺
☺☺
☺☺
☺☺
☺☺
☺☺
☺☺
☺☺
☺☺
☺☺
☺☺
☺☺
☺☺
☺☺
☺☺
☺☺
☺☺
☺☺
☺☺
☺☺
☺☺
☺☺
☺☺
☺☺
☺☺
☺☺
☺☺
☺☺
☺☺
☺☺
☺☺
☺☺
☺☺
☺☺
☺☺
☺☺
☺☺
☺☺
☺☺
☺☺
☺☺
☺☺
☺☺
☺☺

☺☺
☺☺
☺☺
☺☺
☺☺
☺☺
☺☺
☺☺
☺☺
☺☺
☺☺
☺☺
☺☺
☺☺
☺☺
☺☺
☺☺
☺☺
☺☺
☺☺
☺☺
☺☺
☺☺
☺☺
☺☺
☺☺
☺☺
☺☺
☺☺
☺☺
☺☺
☺☺
☺☺
☺☺
☺☺
☺☺
☺☺
☺☺
☺☺
☺☺
☺☺
☺☺
☺☺
☺☺
☺☺
☺☺
☺☺
☺☺
☺☺
☺☺
☺☺
☺☺
☺☺

☺☺
☺☺
☺☺
☺☺
☺☺
☺☺
☺☺
☺☺
☺☺
☺☺
☺☺
☺☺
☺☺
☺☺
☺☺
☺☺
☺☺
☺☺
☺☺
☺☺
☺☺
☺☺
☺☺
☺☺
☺☺
☺☺
☺☺
☺☺
☺☺
☺☺
☺☺
☺☺
☺☺
☺☺
☺☺
☺☺
☺☺
☺☺
☺☺
☺☺
☺☺
☺☺
☺☺
☺☺
☺☺
☺☺
☺☺
☺☺
☺☺
☺☺
☺☺
☺☺
☺☺

☺☺☺
☺☺☺
☺☺☺
☺☺☺
☺☺☺
☺☺☺
☺☺☺
☺☺☺
☺☺☺
☺☺☺
☺☺☺
☺☺☺
☺☺☺
☺☺☺
☺☺☺
☺☺☺
☺☺☺
☺☺☺
☺☺☺
☺☺☺
☺☺☺
☺☺☺
☺☺☺
☺☺☺
☺☺☺
☺☺☺
☺☺☺
☺☺☺
☺☺☺
☺☺☺
☺☺☺
☺☺☺
☺☺☺
☺☺☺
☺☺☺
☺☺☺
☺☺☺
☺☺☺
☺☺☺
☺☺☺
☺☺☺
☺☺☺
☺☺☺
☺☺☺
☺☺☺
☺☺☺
☺☺☺
☺☺☺
☺☺☺
☺☺☺
☺☺☺
☺☺☺
☺☺☺

☺☺
☺☺
☺☺
☺☺
☺☺
☺☺
☺☺
☺☺
☺☺
☺☺
☺☺
☺☺
☺☺
☺☺
☺☺
☺☺
☺☺
☺☺
☺☺
☺☺
☺☺
☺☺
☺☺
☺☺
☺☺
☺☺
☺☺
☺☺
☺☺
☺☺
☺☺
☺☺
☺☺
☺☺
☺☺
☺☺
☺☺
☺☺
☺☺
☺☺
☺☺
☺☺
☺☺
☺☺
☺☺
☺☺
☺☺
☺☺
☺☺
☺☺
☺☺
☺☺
☺☺

☺☺
☺☺
☺☺
☺☺
☺☺
☺☺
☺☺
☺☺
☺☺
☺☺
☺☺
☺☺
☺☺
☺☺
☺☺
☺☺
☺☺
☺☺
☺☺
☺☺
☺☺
☺☺
☺☺
☺☺
☺☺
☺☺
☺☺
☺☺
☺☺
☺☺
☺☺
☺☺
☺☺
☺☺
☺☺
☺☺
☺☺
☺☺
☺☺
☺☺
☺☺
☺☺
☺☺
☺☺
☺☺
☺☺
☺☺
☺☺
☺☺
☺☺
☺☺
☺☺
☺☺

☺☺
☺☺
☺☺
☺☺
☺☺
☺☺
☺☺
☺☺
☺☺
☺☺
☺☺
☺☺
☺☺
☺☺
☺☺
☺☺
☺☺
☺☺
☺☺
☺☺
☺☺
☺☺
☺☺
☺☺
☺☺
☺☺
☺☺
☺☺
☺☺
☺☺
☺☺
☺☺
☺☺
☺☺
☺☺
☺☺
☺☺
☺☺
☺☺
☺☺
☺☺
☺☺
☺☺
☺☺
☺☺
☺☺
☺☺
☺☺
☺☺
☺☺
☺☺
☺☺
☺☺

☺☺
☺☺
☺☺
☺☺
☺☺
☺☺
☺☺
☺☺
☺☺
☺☺
☺☺
☺☺
☺☺
☺☺
☺☺
☺☺
☺☺
☺☺
☺☺
☺☺
☺☺
☺☺
☺☺
☺☺
☺☺
☺☺
☺☺
☺☺
☺☺
☺☺
☺☺
☺☺
☺☺
☺☺
☺☺
☺☺
☺☺
☺☺
☺☺
☺☺
☺☺
☺☺
☺☺
☺☺
☺☺
☺☺
☺☺
☺☺
☺☺
☺☺
☺☺
☺☺
☺☺
☺☺

☺☺
☺☺
☺☺
☺☺
☺☺
☺☺
☺☺
☺☺
☺☺
☺☺
☺☺
☺☺
☺☺
☺☺
☺☺
☺☺
☺☺
☺☺
☺☺
☺☺
☺☺
☺☺
☺☺
☺☺
☺☺
☺☺
☺☺
☺☺
☺☺
☺☺
☺☺
☺☺
☺☺
☺☺
☺☺
☺☺
☺☺
☺☺
☺☺
☺☺
☺☺
☺☺
☺☺
☺☺
☺☺
☺☺
☺☺
☺☺
☺☺
☺☺
☺☺
☺☺
☺☺
☺☺

☺☺
☺☺
☺☺
☺☺
☺☺
☺☺
☺☺
☺☺
☺☺
☺☺
☺☺
☺☺
☺☺
☺☺
☺☺
☺☺
☺☺
☺☺
☺☺
☺☺
☺☺
☺☺
☺☺
☺☺
☺☺
☺☺
☺☺
☺☺
☺☺
☺☺
☺☺
☺☺
☺☺
☺☺
☺☺
☺☺
☺☺
☺☺
☺☺
☺☺
☺☺
☺☺
☺☺
☺☺
☺☺
☺☺
☺☺
☺☺
☺☺
☺☺
☺☺
☺☺
☺☺
☺☺

☺☺
☺☺
☺☺
☺☺
☺☺
☺☺
☺☺
☺☺
☺☺
☺☺
☺☺
☺☺
☺☺
☺☺
☺☺
☺☺
☺☺
☺☺
☺☺
☺☺
☺☺
☺☺
☺☺
☺☺
☺☺
☺☺
☺☺
☺☺
☺☺
☺☺
☺☺
☺☺
☺☺
☺☺
☺☺
☺☺
☺☺
☺☺
☺☺
☺☺
☺☺
☺☺
☺☺
☺☺
☺☺
☺☺
☺☺
☺☺
☺☺
☺☺
☺☺
☺☺
☺☺

☺☺
☺☺
☺☺
☺☺
☺☺
☺☺
☺☺
☺☺
☺☺
☺☺
☺☺
☺☺
☺☺
☺☺
☺☺
☺☺
☺☺
☺☺
☺☺
☺☺
☺☺
☺☺
☺☺
☺☺
☺☺
☺☺
☺☺
☺☺
☺☺
☺☺
☺☺
☺☺
☺☺
☺☺
☺☺
☺☺
☺☺
☺☺
☺☺
☺☺
☺☺
☺☺
☺☺
☺☺
☺☺
☺☺
☺☺
☺☺
☺☺
☺☺
☺☺
☺☺
☺☺

☺☺☺
☺☺☺
☺☺☺
☺☺☺
☺☺☺
☺☺☺
☺☺☺
☺☺☺
☺☺☺
☺☺☺
☺☺☺
☺☺☺
☺☺☺
☺☺☺
☺☺☺
☺☺☺
☺☺☺
☺☺☺
☺☺☺
☺☺☺
☺☺☺
☺☺☺
☺☺☺
☺☺☺
☺☺☺
☺☺☺
☺☺☺
☺☺☺
☺☺☺
☺☺☺
☺☺☺
☺☺☺
☺☺☺
☺☺☺
☺☺☺
☺☺☺
☺☺☺
☺☺☺
☺☺☺
☺☺☺
☺☺☺
☺☺☺
☺☺☺
☺☺☺
☺☺☺
☺☺☺
☺☺☺
☺☺☺
☺☺☺
☺☺☺
☺☺☺
☺☺☺
☺☺☺

☺☺
☺☺
☺☺
☺☺
☺☺
☺☺
☺☺
☺☺
☺☺
☺☺
☺☺
☺☺
☺☺
☺☺
☺☺
☺☺
☺☺
☺☺
☺☺
☺☺
☺☺
☺☺
☺☺
☺☺
☺☺
☺☺
☺☺
☺☺
☺☺
☺☺
☺☺
☺☺
☺☺
☺☺
☺☺
☺☺
☺☺
☺☺
☺☺
☺☺
☺☺
☺☺
☺☺
☺☺
☺☺
☺☺
☺☺
☺☺
☺☺
☺☺
☺☺
☺☺
☺☺

☺☺
☺☺
☺☺
☺☺
☺☺
☺☺
☺☺
☺☺
☺☺
☺☺
☺☺
☺☺
☺☺
☺☺
☺☺
☺☺
☺☺
☺☺
☺☺
☺☺
☺☺
☺☺
☺☺
☺☺
☺☺
☺☺
☺☺
☺☺
☺☺
☺☺
☺☺
☺☺
☺☺
☺☺
☺☺
☺☺
☺☺
☺☺
☺☺
☺☺
☺☺
☺☺
☺☺
☺☺
☺☺
☺☺
☺☺
☺☺
☺☺
☺☺
☺☺
☺☺
☺☺

☺☺
☺☺
☺☺
☺☺
☺☺
☺☺
☺☺
☺☺
☺☺
☺☺
☺☺
☺☺
☺☺
☺☺
☺☺
☺☺
☺☺
☺☺
☺☺
☺☺
☺☺
☺☺
☺☺
☺☺
☺☺
☺☺
☺☺
☺☺
☺☺
☺☺
☺☺
☺☺
☺☺
☺☺
☺☺
☺☺
☺☺
☺☺
☺☺
☺☺
☺☺
☺☺
☺☺
☺☺
☺☺
☺☺
☺☺
☺☺
☺☺
☺☺
☺☺
☺☺
☺☺
☺☺

☺☺☺
☺☺☺
☺☺☺
☺☺☺
☺☺☺
☺☺☺
☺☺☺
☺☺☺
☺☺☺
☺☺☺
☺☺☺
☺☺☺
☺☺☺
☺☺☺
☺☺☺
☺☺☺
☺☺☺
☺☺☺
☺☺☺
☺☺☺
☺☺☺
☺☺☺
☺☺☺
☺☺☺
☺☺☺
☺☺☺
☺☺☺
☺☺☺
☺☺☺
☺☺☺
☺☺☺
☺☺☺
☺☺☺
☺☺☺
☺☺☺
☺☺☺
☺☺☺
☺☺☺
☺☺☺
☺☺☺
☺☺☺
☺☺☺
☺☺☺
☺☺☺
☺☺☺
☺☺☺
☺☺☺
☺☺☺
☺☺☺
☺☺☺
☺☺☺
☺☺☺
☺☺☺
☺☺☺
☺☺☺
☺☺☺
☺☺☺

☺☺
☺☺
☺☺
☺☺
☺☺
☺☺
☺☺
☺☺
☺☺
☺☺
☺☺
☺☺
☺☺
☺☺
☺☺
☺☺
☺☺
☺☺
☺☺
☺☺
☺☺
☺☺
☺☺
☺☺
☺☺
☺☺
☺☺
☺☺
☺☺
☺☺
☺☺
☺☺
☺☺
☺☺
☺☺
☺☺
☺☺
☺☺
☺☺
☺☺
☺☺
☺☺
☺☺
☺☺
☺☺
☺☺
☺☺
☺☺
☺☺
☺☺
☺☺
☺☺
☺☺
☺☺

☺☺
☺☺
☺☺
☺☺
☺☺
☺☺
☺☺
☺☺
☺☺
☺☺
☺☺
☺☺
☺☺
☺☺
☺☺
☺☺
☺☺
☺☺
☺☺
☺☺
☺☺
☺☺
☺☺
☺☺
☺☺
☺☺
☺☺
☺☺
☺☺
☺☺
☺☺
☺☺
☺☺
☺☺
☺☺
☺☺
☺☺
☺☺
☺☺
☺☺
☺☺
☺☺
☺☺
☺☺
☺☺
☺☺
☺☺
☺☺
☺☺
☺☺
☺☺
☺☺
☺☺

☺☺
☺☺
☺☺
☺☺
☺☺
☺☺
☺☺
☺☺
☺☺
☺☺
☺☺
☺☺
☺☺
☺☺
☺☺
☺☺
☺☺
☺☺
☺☺
☺☺
☺☺
☺☺
☺☺
☺☺
☺☺
☺☺
☺☺
☺☺
☺☺
☺☺
☺☺
☺☺
☺☺
☺☺
☺☺
☺☺
☺☺
☺☺
☺☺
☺☺
☺☺
☺☺
☺☺
☺☺
☺☺
☺☺
☺☺
☺☺
☺☺
☺☺
☺☺
☺☺
☺☺
☺☺
☺☺
☺☺
☺☺
☺☺
☺☺

☺☺
☺☺
☺☺
☺☺
☺☺
☺☺
☺☺
☺☺
☺☺
☺☺
☺☺
☺☺
☺☺
☺☺
☺☺
☺☺
☺☺
☺☺
☺☺
☺☺
☺☺
☺☺
☺☺
☺☺
☺☺
☺☺
☺☺
☺☺
☺☺
☺☺
☺☺
☺☺
☺☺
☺☺
☺☺
☺☺
☺☺
☺☺
☺☺
☺☺
☺☺
☺☺
☺☺
☺☺
☺☺
☺☺
☺☺
☺☺
☺☺
☺☺
☺☺
☺☺
☺☺

☺☺
☺☺
☺☺
☺☺
☺☺
☺☺
☺☺
☺☺
☺☺
☺☺
☺☺
☺☺
☺☺
☺☺
☺☺
☺☺
☺☺
☺☺
☺☺
☺☺
☺☺
☺☺
☺☺
☺☺
☺☺
☺☺
☺☺
☺☺
☺☺
☺☺
☺☺
☺☺
☺☺
☺☺
☺☺
☺☺
☺☺
☺☺
☺☺
☺☺
☺☺
☺☺
☺☺
☺☺
☺☺
☺☺
☺☺
☺☺
☺☺
☺☺
☺☺
☺☺
☺☺
☺☺

☺☺☺
☺☺☺
☺☺☺
☺☺☺
☺☺☺
☺☺☺
☺☺☺
☺☺☺
☺☺☺
☺☺☺
☺☺☺
☺☺☺
☺☺☺
☺☺☺
☺☺☺
☺☺☺
☺☺☺
☺☺☺
☺☺☺
☺☺☺
☺☺☺
☺☺☺
☺☺☺
☺☺☺
☺☺☺
☺☺☺
☺☺☺
☺☺☺
☺☺☺
☺☺☺
☺☺☺
☺☺☺
☺☺☺
☺☺☺
☺☺☺
☺☺☺
☺☺☺
☺☺☺
☺☺☺
☺☺☺
☺☺☺
☺☺☺
☺☺☺
☺☺☺
☺☺☺
☺☺☺
☺☺☺
☺☺☺
☺☺☺
☺☺☺
☺☺☺
☺☺☺
☺☺☺
☺☺☺
☺☺☺

☺☺☺
☺☺☺
☺☺☺
☺☺☺
☺☺☺
☺☺☺
☺☺☺
☺☺☺
☺☺☺
☺☺☺
☺☺☺
☺☺☺
☺☺☺
☺☺☺
☺☺☺
☺☺☺
☺☺☺
☺☺☺
☺☺☺
☺☺☺
☺☺☺
☺☺☺
☺☺☺
☺☺☺
☺☺☺
☺☺☺
☺☺☺
☺☺☺
☺☺☺
☺☺☺
☺☺☺
☺☺☺
☺☺☺
☺☺☺
☺☺☺
☺☺☺
☺☺☺
☺☺☺
☺☺☺
☺☺☺
☺☺☺
☺☺☺
☺☺☺
☺☺☺
☺☺☺
☺☺☺
☺☺☺
☺☺☺
☺☺☺
☺☺☺
☺☺☺
☺☺☺
☺☺☺
☺☺☺
☺☺☺
☺☺☺
☺☺☺

☺☺☺
☺☺☺
☺☺☺
☺☺☺
☺☺☺
☺☺☺
☺☺☺
☺☺☺
☺☺☺
☺☺☺
☺☺☺
☺☺☺
☺☺☺
☺☺☺
☺☺☺
☺☺☺
☺☺☺
☺☺☺
☺☺☺
☺☺☺
☺☺☺
☺☺☺
☺☺☺
☺☺☺
☺☺☺
☺☺☺
☺☺☺
☺☺☺
☺☺☺
☺☺☺
☺☺☺
☺☺☺
☺☺☺
☺☺☺
☺☺☺
☺☺☺
☺☺☺
☺☺☺
☺☺☺
☺☺☺
☺☺☺
☺☺☺
☺☺☺
☺☺☺
☺☺☺
☺☺☺
☺☺☺
☺☺☺
☺☺☺
☺☺☺
☺☺☺
☺☺☺
☺☺☺

☺☺
☺☺
☺☺
☺☺
☺☺
☺☺
☺☺
☺☺
☺☺
☺☺
☺☺
☺☺
☺☺
☺☺
☺☺
☺☺
☺☺
☺☺
☺☺
☺☺
☺☺
☺☺
☺☺
☺☺
☺☺
☺☺
☺☺
☺☺
☺☺
☺☺
☺☺
☺☺
☺☺
☺☺
☺☺
☺☺
☺☺
☺☺
☺☺
☺☺
☺☺
☺☺
☺☺
☺☺
☺☺
☺☺
☺☺
☺☺
☺☺
☺☺
☺☺
☺☺
☺☺
☺☺

☺☺
☺☺
☺☺
☺☺
☺☺
☺☺
☺☺
☺☺
☺☺
☺☺
☺☺
☺☺
☺☺
☺☺
☺☺
☺☺
☺☺
☺☺
☺☺
☺☺
☺☺
☺☺
☺☺
☺☺
☺☺
☺☺
☺☺
☺☺
☺☺
☺☺
☺☺
☺☺
☺☺
☺☺
☺☺
☺☺
☺☺
☺☺
☺☺
☺☺
☺☺
☺☺
☺☺
☺☺
☺☺
☺☺
☺☺
☺☺
☺☺
☺☺
☺☺
☺☺
☺☺

☺☺☺
☺☺☺
☺☺☺
☺☺☺
☺☺☺
☺☺☺
☺☺☺
☺☺☺
☺☺☺
☺☺☺
☺☺☺
☺☺☺
☺☺☺
☺☺☺
☺☺☺
☺☺☺
☺☺☺
☺☺☺
☺☺☺
☺☺☺
☺☺☺
☺☺☺
☺☺☺
☺☺☺
☺☺☺
☺☺☺
☺☺☺
☺☺☺
☺☺☺
☺☺☺
☺☺☺
☺☺☺
☺☺☺
☺☺☺
☺☺☺
☺☺☺
☺☺☺
☺☺☺
☺☺☺
☺☺☺
☺☺☺
☺☺☺
☺☺☺
☺☺☺
☺☺☺
☺☺☺
☺☺☺
☺☺☺
☺☺☺
☺☺☺
☺☺☺
☺☺☺

☺☺
☺☺
☺☺
☺☺
☺☺
☺☺
☺☺
☺☺
☺☺
☺☺
☺☺
☺☺
☺☺
☺☺
☺☺
☺☺
☺☺
☺☺
☺☺
☺☺
☺☺
☺☺
☺☺
☺☺
☺☺
☺☺
☺☺
☺☺
☺☺
☺☺
☺☺
☺☺
☺☺
☺☺
☺☺
☺☺
☺☺
☺☺
☺☺
☺☺
☺☺
☺☺
☺☺
☺☺
☺☺
☺☺
☺☺
☺☺
☺☺
☺☺
☺☺
☺☺
☺☺
☺☺
☺☺
☺☺
☺☺

☺☺
☺☺
☺☺
☺☺
☺☺
☺☺
☺☺
☺☺
☺☺
☺☺
☺☺
☺☺
☺☺
☺☺
☺☺
☺☺
☺☺
☺☺
☺☺
☺☺
☺☺
☺☺
☺☺
☺☺
☺☺
☺☺
☺☺
☺☺
☺☺
☺☺
☺☺
☺☺
☺☺
☺☺
☺☺
☺☺
☺☺
☺☺
☺☺
☺☺
☺☺
☺☺
☺☺
☺☺
☺☺
☺☺
☺☺
☺☺
☺☺
☺☺
☺☺
☺☺
☺☺
☺☺
☺☺

☺☺☺
☺☺☺
☺☺☺
☺☺☺
☺☺☺
☺☺☺
☺☺☺
☺☺☺
☺☺☺
☺☺☺
☺☺☺
☺☺☺
☺☺☺
☺☺☺
☺☺☺
☺☺☺
☺☺☺
☺☺☺
☺☺☺
☺☺☺
☺☺☺
☺☺☺
☺☺☺
☺☺☺
☺☺☺
☺☺☺
☺☺☺
☺☺☺
☺☺☺
☺☺☺
☺☺☺
☺☺☺
☺☺☺
☺☺☺
☺☺☺
☺☺☺
☺☺☺
☺☺☺
☺☺☺
☺☺☺
☺☺☺
☺☺☺
☺☺☺
☺☺☺
☺☺☺
☺☺☺
☺☺☺
☺☺☺
☺☺☺
☺☺☺
☺☺☺
☺☺☺
☺☺☺

☺☺
☺☺
☺☺
☺☺
☺☺
☺☺
☺☺
☺☺
☺☺
☺☺
☺☺
☺☺
☺☺
☺☺
☺☺
☺☺
☺☺
☺☺
☺☺
☺☺
☺☺
☺☺
☺☺
☺☺
☺☺
☺☺
☺☺
☺☺
☺☺
☺☺
☺☺
☺☺
☺☺
☺☺
☺☺
☺☺
☺☺
☺☺
☺☺
☺☺
☺☺
☺☺
☺☺
☺☺
☺☺
☺☺
☺☺
☺☺
☺☺
☺☺
☺☺
☺☺
☺☺
☺☺

☺☺☺
☺☺☺
☺☺☺
☺☺☺
☺☺☺
☺☺☺
☺☺☺
☺☺☺
☺☺☺
☺☺☺
☺☺☺
☺☺☺
☺☺☺
☺☺☺
☺☺☺
☺☺☺
☺☺☺
☺☺☺
☺☺☺
☺☺☺
☺☺☺
☺☺☺
☺☺☺
☺☺☺
☺☺☺
☺☺☺
☺☺☺
☺☺☺
☺☺☺
☺☺☺
☺☺☺
☺☺☺
☺☺☺
☺☺☺
☺☺☺
☺☺☺
☺☺☺
☺☺☺
☺☺☺
☺☺☺
☺☺☺
☺☺☺
☺☺☺
☺☺☺
☺☺☺
☺☺☺
☺☺☺
☺☺☺
☺☺☺
☺☺☺
☺☺☺
☺☺☺
☺☺☺
☺☺☺
☺☺☺
☺☺☺
☺☺☺

☺☺
☺☺
☺☺
☺☺
☺☺
☺☺
☺☺
☺☺
☺☺
☺☺
☺☺
☺☺
☺☺
☺☺
☺☺
☺☺
☺☺
☺☺
☺☺
☺☺
☺☺
☺☺
☺☺
☺☺
☺☺
☺☺
☺☺
☺☺
☺☺
☺☺
☺☺
☺☺
☺☺
☺☺
☺☺
☺☺
☺☺
☺☺
☺☺
☺☺
☺☺
☺☺
☺☺
☺☺
☺☺
☺☺
☺☺
☺☺
☺☺
☺☺
☺☺
☺☺
☺☺

☺☺
☺☺
☺☺
☺☺
☺☺
☺☺
☺☺
☺☺
☺☺
☺☺
☺☺
☺☺
☺☺
☺☺
☺☺
☺☺
☺☺
☺☺
☺☺
☺☺
☺☺
☺☺
☺☺
☺☺
☺☺
☺☺
☺☺
☺☺
☺☺
☺☺
☺☺
☺☺
☺☺
☺☺
☺☺
☺☺
☺☺
☺☺
☺☺
☺☺
☺☺
☺☺
☺☺
☺☺
☺☺
☺☺
☺☺
☺☺
☺☺
☺☺
☺☺
☺☺
☺☺
☺☺
☺☺
☺☺
☺☺
☺☺
☺☺
☺☺
☺☺
☺☺
☺☺
☺☺
☺☺
☺☺
☺☺
☺☺
☺☺
☺☺

☺☺
☺☺
☺☺
☺☺
☺☺
☺☺
☺☺
☺☺
☺☺
☺☺
☺☺
☺☺
☺☺
☺☺
☺☺
☺☺
☺☺
☺☺
☺☺
☺☺
☺☺
☺☺
☺☺
☺☺
☺☺
☺☺
☺☺
☺☺
☺☺
☺☺
☺☺
☺☺
☺☺
☺☺
☺☺
☺☺
☺☺
☺☺
☺☺
☺☺
☺☺
☺☺
☺☺
☺☺
☺☺
☺☺
☺☺
☺☺
☺☺
☺☺
☺☺
☺☺
☺☺

☺☺
☺☺
☺☺
☺☺
☺☺
☺☺
☺☺
☺☺
☺☺
☺☺
☺☺
☺☺
☺☺
☺☺
☺☺
☺☺
☺☺
☺☺
☺☺
☺☺
☺☺
☺☺
☺☺
☺☺
☺☺
☺☺
☺☺
☺☺
☺☺
☺☺
☺☺
☺☺
☺☺
☺☺
☺☺
☺☺
☺☺
☺☺
☺☺
☺☺
☺☺
☺☺
☺☺
☺☺
☺☺
☺☺
☺☺
☺☺
☺☺
☺☺
☺☺
☺☺
☺☺

☺☺
☺☺
☺☺
☺☺
☺☺
☺☺
☺☺
☺☺
☺☺
☺☺
☺☺
☺☺
☺☺
☺☺
☺☺
☺☺
☺☺
☺☺
☺☺
☺☺
☺☺
☺☺
☺☺
☺☺
☺☺
☺☺
☺☺
☺☺
☺☺
☺☺
☺☺
☺☺
☺☺
☺☺
☺☺
☺☺
☺☺
☺☺
☺☺
☺☺
☺☺
☺☺
☺☺
☺☺
☺☺
☺☺
☺☺
☺☺
☺☺
☺☺
☺☺
☺☺
☺☺

☺☺
☺☺
☺☺
☺☺
☺☺
☺☺
☺☺
☺☺
☺☺
☺☺
☺☺
☺☺
☺☺
☺☺
☺☺
☺☺
☺☺
☺☺
☺☺
☺☺
☺☺
☺☺
☺☺
☺☺
☺☺
☺☺
☺☺
☺☺
☺☺
☺☺
☺☺
☺☺
☺☺
☺☺
☺☺
☺☺
☺☺
☺☺
☺☺
☺☺
☺☺
☺☺
☺☺
☺☺
☺☺
☺☺
☺☺
☺☺
☺☺
☺☺
☺☺
☺☺
☺☺
☺☺
☺☺

☺☺
☺☺
☺☺
☺☺
☺☺
☺☺
☺☺
☺☺
☺☺
☺☺
☺☺
☺☺
☺☺
☺☺
☺☺
☺☺
☺☺
☺☺
☺☺
☺☺
☺☺
☺☺
☺☺
☺☺
☺☺
☺☺
☺☺
☺☺
☺☺
☺☺
☺☺
☺☺
☺☺
☺☺
☺☺
☺☺
☺☺
☺☺
☺☺
☺☺
☺☺
☺☺
☺☺
☺☺
☺☺
☺☺
☺☺
☺☺
☺☺
☺☺
☺☺
☺☺
☺☺

☺☺
☺☺
☺☺
☺☺
☺☺
☺☺
☺☺
☺☺
☺☺
☺☺
☺☺
☺☺
☺☺
☺☺
☺☺
☺☺
☺☺
☺☺
☺☺
☺☺
☺☺
☺☺
☺☺
☺☺
☺☺
☺☺
☺☺
☺☺
☺☺
☺☺
☺☺
☺☺
☺☺
☺☺
☺☺
☺☺
☺☺
☺☺
☺☺
☺☺
☺☺
☺☺
☺☺
☺☺
☺☺
☺☺
☺☺
☺☺
☺☺
☺☺
☺☺

☺☺
☺☺
☺☺
☺☺
☺☺
☺☺
☺☺
☺☺
☺☺
☺☺
☺☺
☺☺
☺☺
☺☺
☺☺
☺☺
☺☺
☺☺
☺☺
☺☺
☺☺
☺☺
☺☺
☺☺
☺☺
☺☺
☺☺
☺☺
☺☺
☺☺
☺☺
☺☺
☺☺
☺☺
☺☺
☺☺
☺☺
☺☺
☺☺
☺☺
☺☺
☺☺
☺☺
☺☺
☺☺
☺☺
☺☺
☺☺
☺☺
☺☺
☺☺

☺☺
☺☺
☺☺
☺☺
☺☺
☺☺
☺☺
☺☺
☺☺
☺☺
☺☺
☺☺
☺☺
☺☺
☺☺
☺☺
☺☺
☺☺
☺☺
☺☺
☺☺
☺☺
☺☺
☺☺
☺☺
☺☺
☺☺
☺☺
☺☺
☺☺
☺☺
☺☺
☺☺
☺☺
☺☺
☺☺
☺☺
☺☺
☺☺
☺☺
☺☺
☺☺
☺☺
☺☺
☺☺
☺☺
☺☺
☺☺
☺☺
☺☺
☺☺

☺☺
☺☺
☺☺
☺☺
☺☺
☺☺
☺☺
☺☺
☺☺
☺☺
☺☺
☺☺
☺☺
☺☺
☺☺
☺☺
☺☺
☺☺
☺☺
☺☺
☺☺
☺☺
☺☺
☺☺
☺☺
☺☺
☺☺
☺☺
☺☺
☺☺
☺☺
☺☺
☺☺
☺☺
☺☺
☺☺
☺☺
☺☺
☺☺
☺☺
☺☺
☺☺
☺☺
☺☺
☺☺
☺☺
☺☺
☺☺
☺☺
☺☺
☺☺

☺☺
☺☺
☺☺
☺☺
☺☺
☺☺
☺☺
☺☺
☺☺
☺☺
☺☺
☺☺
☺☺
☺☺
☺☺
☺☺
☺☺
☺☺
☺☺
☺☺
☺☺
☺☺
☺☺
☺☺
☺☺
☺☺
☺☺
☺☺
☺☺
☺☺
☺☺
☺☺
☺☺
☺☺
☺☺
☺☺
☺☺
☺☺
☺☺
☺☺
☺☺
☺☺
☺☺
☺☺
☺☺
☺☺
☺☺
☺☺
☺☺
☺☺
☺☺

☺☺☺
☺☺☺
☺☺☺
☺☺☺
☺☺☺
☺☺☺
☺☺☺
☺☺☺
☺☺☺
☺☺☺
☺☺☺
☺☺☺
☺☺☺
☺☺☺
☺☺☺
☺☺☺
☺☺☺
☺☺☺
☺☺☺
☺☺☺
☺☺☺
☺☺☺
☺☺☺
☺☺☺
☺☺☺
☺☺☺
☺☺☺
☺☺☺
☺☺☺
☺☺☺
☺☺☺
☺☺☺
☺☺☺
☺☺☺
☺☺☺
☺☺☺
☺☺☺
☺☺☺
☺☺☺
☺☺☺
☺☺☺
☺☺☺
☺☺☺
☺☺☺
☺☺☺
☺☺☺
☺☺☺
☺☺☺
☺☺☺
☺☺☺
☺☺☺
☺☺☺
☺☺☺
☺☺☺
☺☺☺
☺☺☺
☺☺☺
☺☺☺
☺☺☺
☺☺☺
☺☺☺
☺☺☺
☺☺☺
☺☺☺
☺☺☺
☺☺☺

☺☺
☺☺
☺☺
☺☺
☺☺
☺☺
☺☺
☺☺
☺☺
☺☺
☺☺
☺☺
☺☺
☺☺
☺☺
☺☺
☺☺
☺☺
☺☺
☺☺
☺☺
☺☺
☺☺
☺☺
☺☺
☺☺
☺☺
☺☺
☺☺
☺☺
☺☺
☺☺
☺☺
☺☺
☺☺
☺☺
☺☺
☺☺
☺☺
☺☺
☺☺
☺☺
☺☺
☺☺
☺☺
☺☺
☺☺
☺☺
☺☺
☺☺
☺☺

☺☺☺
☺☺☺
☺☺☺
☺☺☺
☺☺☺
☺☺☺
☺☺☺
☺☺☺
☺☺☺
☺☺☺
☺☺☺
☺☺☺
☺☺☺
☺☺☺
☺☺☺
☺☺☺
☺☺☺
☺☺☺
☺☺☺
☺☺☺
☺☺☺
☺☺☺
☺☺☺
☺☺☺
☺☺☺
☺☺☺
☺☺☺
☺☺☺
☺☺☺
☺☺☺
☺☺☺
☺☺☺
☺☺☺
☺☺☺
☺☺☺
☺☺☺
☺☺☺
☺☺☺
☺☺☺
☺☺☺
☺☺☺
☺☺☺
☺☺☺
☺☺☺
☺☺☺
☺☺☺
☺☺☺
☺☺☺
☺☺☺
☺☺☺

☺☺☺
☺☺☺
☺☺☺
☺☺☺
☺☺☺
☺☺☺
☺☺☺
☺☺☺
☺☺☺
☺☺☺
☺☺☺
☺☺☺
☺☺☺
☺☺☺
☺☺☺
☺☺☺
☺☺☺
☺☺☺
☺☺☺
☺☺☺
☺☺☺
☺☺☺
☺☺☺
☺☺☺
☺☺☺
☺☺☺
☺☺☺
☺☺☺
☺☺☺
☺☺☺
☺☺☺
☺☺☺
☺☺☺
☺☺☺
☺☺☺
☺☺☺
☺☺☺
☺☺☺
☺☺☺
☺☺☺
☺☺☺
☺☺☺
☺☺☺
☺☺☺
☺☺☺
☺☺☺
☺☺☺
☺☺☺
☺☺☺
☺☺☺
☺☺☺

☺☺
☺☺
☺☺
☺☺
☺☺
☺☺
☺☺
☺☺
☺☺
☺☺
☺☺
☺☺
☺☺
☺☺
☺☺
☺☺
☺☺
☺☺
☺☺
☺☺
☺☺
☺☺
☺☺
☺☺
☺☺
☺☺
☺☺
☺☺
☺☺
☺☺
☺☺
☺☺
☺☺
☺☺
☺☺
☺☺
☺☺
☺☺
☺☺
☺☺
☺☺
☺☺
☺☺
☺☺
☺☺
☺☺
☺☺
☺☺
☺☺
☺☺
☺☺

☺☺☺
☺☺☺
☺☺☺
☺☺☺
☺☺☺
☺☺☺
☺☺☺
☺☺☺
☺☺☺
☺☺☺
☺☺☺
☺☺☺
☺☺☺
☺☺☺
☺☺☺
☺☺☺
☺☺☺
☺☺☺
☺☺☺
☺☺☺
☺☺☺
☺☺☺
☺☺☺
☺☺☺
☺☺☺
☺☺☺
☺☺☺
☺☺☺
☺☺☺
☺☺☺
☺☺☺
☺☺☺
☺☺☺
☺☺☺
☺☺☺
☺☺☺
☺☺☺
☺☺☺
☺☺☺
☺☺☺
☺☺☺
☺☺☺
☺☺☺
☺☺☺
☺☺☺
☺☺☺
☺☺☺
☺☺☺
☺☺☺
☺☺☺
☺☺☺

☺☺
☺☺
☺☺
☺☺
☺☺
☺☺
☺☺
☺☺
☺☺
☺☺
☺☺
☺☺
☺☺
☺☺
☺☺
☺☺
☺☺
☺☺
☺☺
☺☺
☺☺
☺☺
☺☺
☺☺
☺☺
☺☺
☺☺
☺☺
☺☺
☺☺
☺☺
☺☺
☺☺
☺☺
☺☺
☺☺
☺☺
☺☺
☺☺
☺☺
☺☺
☺☺
☺☺
☺☺
☺☺
☺☺
☺☺
☺☺
☺☺
☺☺
☺☺

☺☺
☺☺
☺☺
☺☺
☺☺
☺☺
☺☺
☺☺
☺☺
☺☺
☺☺
☺☺
☺☺
☺☺
☺☺
☺☺
☺☺
☺☺
☺☺
☺☺
☺☺
☺☺
☺☺
☺☺
☺☺
☺☺
☺☺
☺☺
☺☺
☺☺
☺☺
☺☺
☺☺
☺☺
☺☺
☺☺
☺☺
☺☺
☺☺
☺☺
☺☺
☺☺
☺☺
☺☺
☺☺
☺☺
☺☺
☺☺
☺☺
☺☺
☺☺
☺☺
☺☺

☺☺
☺☺
☺☺
☺☺
☺☺
☺☺
☺☺
☺☺
☺☺
☺☺
☺☺
☺☺
☺☺
☺☺
☺☺
☺☺
☺☺
☺☺
☺☺
☺☺
☺☺
☺☺
☺☺
☺☺
☺☺
☺☺
☺☺
☺☺
☺☺
☺☺
☺☺
☺☺
☺☺
☺☺
☺☺
☺☺
☺☺
☺☺
☺☺
☺☺
☺☺
☺☺
☺☺
☺☺
☺☺
☺☺
☺☺
☺☺
☺☺
☺☺
☺☺
☺☺
☺☺
☺☺
☺☺
☺☺
☺☺
☺☺
☺☺
☺☺
☺☺
☺☺
☺☺
☺☺
☺☺
☺☺
☺☺
☺☺
☺☺
☺☺

☺☺
☺☺
☺☺
☺☺
☺☺
☺☺
☺☺
☺☺
☺☺
☺☺
☺☺
☺☺
☺☺
☺☺
☺☺
☺☺
☺☺
☺☺
☺☺
☺☺
☺☺
☺☺
☺☺
☺☺
☺☺
☺☺
☺☺
☺☺
☺☺
☺☺
☺☺
☺☺
☺☺
☺☺
☺☺
☺☺
☺☺
☺☺
☺☺
☺☺
☺☺
☺☺
☺☺
☺☺
☺☺
☺☺
☺☺
☺☺
☺☺
☺☺
☺☺
☺☺
☺☺

☺☺☺
☺☺☺
☺☺☺
☺☺☺
☺☺☺
☺☺☺
☺☺☺
☺☺☺
☺☺☺
☺☺☺
☺☺☺
☺☺☺
☺☺☺
☺☺☺
☺☺☺
☺☺☺
☺☺☺
☺☺☺
☺☺☺
☺☺☺
☺☺☺
☺☺☺
☺☺☺
☺☺☺
☺☺☺
☺☺☺
☺☺☺
☺☺☺
☺☺☺
☺☺☺
☺☺☺
☺☺☺
☺☺☺
☺☺☺
☺☺☺
☺☺☺
☺☺☺
☺☺☺
☺☺☺
☺☺☺
☺☺☺
☺☺☺
☺☺☺
☺☺☺
☺☺☺
☺☺☺
☺☺☺
☺☺☺
☺☺☺
☺☺☺
☺☺☺
☺☺☺
☺☺☺
☺☺☺
☺☺☺
☺☺☺

☺☺
☺☺
☺☺
☺☺
☺☺
☺☺
☺☺
☺☺
☺☺
☺☺
☺☺
☺☺
☺☺
☺☺
☺☺
☺☺
☺☺
☺☺
☺☺
☺☺
☺☺
☺☺
☺☺
☺☺
☺☺
☺☺
☺☺
☺☺
☺☺
☺☺
☺☺
☺☺
☺☺
☺☺
☺☺
☺☺
☺☺
☺☺
☺☺
☺☺
☺☺
☺☺
☺☺
☺☺
☺☺
☺☺
☺☺
☺☺
☺☺
☺☺
☺☺
☺☺
☺☺
☺☺
☺☺
☺☺

☺☺☺
☺☺☺
☺☺☺
☺☺☺
☺☺☺
☺☺☺
☺☺☺
☺☺☺
☺☺☺
☺☺☺
☺☺☺
☺☺☺
☺☺☺
☺☺☺
☺☺☺
☺☺☺
☺☺☺
☺☺☺
☺☺☺
☺☺☺
☺☺☺
☺☺☺
☺☺☺
☺☺☺
☺☺☺
☺☺☺
☺☺☺
☺☺☺
☺☺☺
☺☺☺
☺☺☺
☺☺☺
☺☺☺
☺☺☺
☺☺☺
☺☺☺
☺☺☺
☺☺☺
☺☺☺
☺☺☺
☺☺☺
☺☺☺
☺☺☺
☺☺☺
☺☺☺
☺☺☺
☺☺☺
☺☺☺
☺☺☺
☺☺☺
☺☺☺
☺☺☺
☺☺☺
☺☺☺
☺☺☺
☺☺☺
☺☺☺

☺☺
☺☺
☺☺
☺☺
☺☺
☺☺
☺☺
☺☺
☺☺
☺☺
☺☺
☺☺
☺☺
☺☺
☺☺
☺☺
☺☺
☺☺
☺☺
☺☺
☺☺
☺☺
☺☺
☺☺
☺☺
☺☺
☺☺
☺☺
☺☺
☺☺
☺☺
☺☺
☺☺
☺☺
☺☺
☺☺
☺☺
☺☺
☺☺
☺☺
☺☺
☺☺
☺☺
☺☺
☺☺
☺☺
☺☺
☺☺
☺☺
☺☺
☺☺
☺☺
☺☺

☺☺☺
☺☺☺
☺☺☺
☺☺☺
☺☺☺
☺☺☺
☺☺☺
☺☺☺
☺☺☺
☺☺☺
☺☺☺
☺☺☺
☺☺☺
☺☺☺
☺☺☺
☺☺☺
☺☺☺
☺☺☺
☺☺☺
☺☺☺
☺☺☺
☺☺☺
☺☺☺
☺☺☺
☺☺☺
☺☺☺
☺☺☺
☺☺☺
☺☺☺
☺☺☺
☺☺☺
☺☺☺
☺☺☺
☺☺☺
☺☺☺
☺☺☺
☺☺☺
☺☺☺
☺☺☺
☺☺☺
☺☺☺
☺☺☺
☺☺☺
☺☺☺
☺☺☺
☺☺☺
☺☺☺
☺☺☺
☺☺☺
☺☺☺
☺☺☺
☺☺☺
☺☺☺
☺☺☺

☺☺
☺☺
☺☺
☺☺
☺☺
☺☺
☺☺
☺☺
☺☺
☺☺
☺☺
☺☺
☺☺
☺☺
☺☺
☺☺
☺☺
☺☺
☺☺
☺☺
☺☺
☺☺
☺☺
☺☺
☺☺
☺☺
☺☺
☺☺
☺☺
☺☺
☺☺
☺☺
☺☺
☺☺
☺☺
☺☺
☺☺
☺☺
☺☺
☺☺
☺☺
☺☺
☺☺
☺☺
☺☺
☺☺
☺☺
☺☺
☺☺
☺☺
☺☺
☺☺
☺☺

☺☺☺
☺☺☺
☺☺☺
☺☺☺
☺☺☺
☺☺☺
☺☺☺
☺☺☺
☺☺☺
☺☺☺
☺☺☺
☺☺☺
☺☺☺
☺☺☺
☺☺☺
☺☺☺
☺☺☺
☺☺☺
☺☺☺
☺☺☺
☺☺☺
☺☺☺
☺☺☺
☺☺☺
☺☺☺
☺☺☺
☺☺☺
☺☺☺
☺☺☺
☺☺☺
☺☺☺
☺☺☺
☺☺☺
☺☺☺
☺☺☺
☺☺☺
☺☺☺
☺☺☺
☺☺☺
☺☺☺
☺☺☺
☺☺☺
☺☺☺
☺☺☺
☺☺☺
☺☺☺
☺☺☺
☺☺☺
☺☺☺
☺☺☺
☺☺☺
☺☺☺
☺☺☺
☺☺☺

☺☺
☺☺
☺☺
☺☺
☺☺
☺☺
☺☺
☺☺
☺☺
☺☺
☺☺
☺☺
☺☺
☺☺
☺☺
☺☺
☺☺
☺☺
☺☺
☺☺
☺☺
☺☺
☺☺
☺☺
☺☺
☺☺
☺☺
☺☺
☺☺
☺☺
☺☺
☺☺
☺☺
☺☺
☺☺
☺☺
☺☺
☺☺
☺☺
☺☺
☺☺
☺☺
☺☺
☺☺
☺☺
☺☺
☺☺
☺☺
☺☺
☺☺
☺☺
☺☺
☺☺

☺☺☺
☺☺☺
☺☺☺
☺☺☺
☺☺☺
☺☺☺
☺☺☺
☺☺☺
☺☺☺
☺☺☺
☺☺☺
☺☺☺
☺☺☺
☺☺☺
☺☺☺
☺☺☺
☺☺☺
☺☺☺
☺☺☺
☺☺☺
☺☺☺
☺☺☺
☺☺☺
☺☺☺
☺☺☺
☺☺☺
☺☺☺
☺☺☺
☺☺☺
☺☺☺
☺☺☺
☺☺☺
☺☺☺
☺☺☺
☺☺☺
☺☺☺
☺☺☺
☺☺☺
☺☺☺
☺☺☺
☺☺☺
☺☺☺
☺☺☺
☺☺☺
☺☺☺
☺☺☺
☺☺☺
☺☺☺

☺☺☺
☺☺☺
☺☺☺
☺☺☺
☺☺☺
☺☺☺
☺☺☺
☺☺☺
☺☺☺
☺☺☺
☺☺☺
☺☺☺
☺☺☺
☺☺☺
☺☺☺
☺☺☺
☺☺☺
☺☺☺
☺☺☺
☺☺☺
☺☺☺
☺☺☺
☺☺☺
☺☺☺
☺☺☺
☺☺☺
☺☺☺
☺☺☺
☺☺☺
☺☺☺
☺☺☺
☺☺☺
☺☺☺
☺☺☺
☺☺☺
☺☺☺
☺☺☺
☺☺☺
☺☺☺
☺☺☺
☺☺☺
☺☺☺
☺☺☺
☺☺☺
☺☺☺
☺☺☺
☺☺☺
☺☺☺
☺☺☺
☺☺☺
☺☺☺
☺☺☺
☺☺☺

☺☺
☺☺
☺☺
☺☺
☺☺
☺☺
☺☺
☺☺
☺☺
☺☺
☺☺
☺☺
☺☺
☺☺
☺☺
☺☺
☺☺
☺☺
☺☺
☺☺
☺☺
☺☺
☺☺
☺☺
☺☺
☺☺
☺☺
☺☺
☺☺
☺☺
☺☺
☺☺
☺☺
☺☺
☺☺
☺☺
☺☺
☺☺
☺☺
☺☺
☺☺
☺☺
☺☺
☺☺
☺☺
☺☺
☺☺
☺☺
☺☺
☺☺
☺☺
☺☺
☺☺

☺☺
☺☺
☺☺
☺☺
☺☺
☺☺
☺☺
☺☺
☺☺
☺☺
☺☺
☺☺
☺☺
☺☺
☺☺
☺☺
☺☺
☺☺
☺☺
☺☺
☺☺
☺☺
☺☺
☺☺
☺☺
☺☺
☺☺
☺☺
☺☺
☺☺
☺☺
☺☺
☺☺
☺☺
☺☺
☺☺
☺☺
☺☺
☺☺
☺☺
☺☺
☺☺
☺☺
☺☺
☺☺
☺☺
☺☺
☺☺
☺☺
☺☺
☺☺
☺☺
☺☺

☺☺
☺☺
☺☺
☺☺
☺☺
☺☺
☺☺
☺☺
☺☺
☺☺
☺☺
☺☺
☺☺
☺☺
☺☺
☺☺
☺☺
☺☺
☺☺
☺☺
☺☺
☺☺
☺☺
☺☺
☺☺
☺☺
☺☺
☺☺
☺☺
☺☺
☺☺
☺☺
☺☺
☺☺
☺☺
☺☺
☺☺
☺☺
☺☺
☺☺
☺☺
☺☺
☺☺
☺☺
☺☺
☺☺
☺☺
☺☺
☺☺
☺☺
☺☺
☺☺
☺☺

☺☺
☺☺
☺☺
☺☺
☺☺
☺☺
☺☺
☺☺
☺☺
☺☺
☺☺
☺☺
☺☺
☺☺
☺☺
☺☺
☺☺
☺☺
☺☺
☺☺
☺☺
☺☺
☺☺
☺☺
☺☺
☺☺
☺☺
☺☺
☺☺
☺☺
☺☺
☺☺
☺☺
☺☺
☺☺
☺☺
☺☺
☺☺
☺☺
☺☺
☺☺
☺☺
☺☺
☺☺
☺☺
☺☺
☺☺
☺☺
☺☺
☺☺
☺☺
☺☺
☺☺
☺☺

☺☺
☺☺
☺☺
☺☺
☺☺
☺☺
☺☺
☺☺
☺☺
☺☺
☺☺
☺☺
☺☺
☺☺
☺☺
☺☺
☺☺
☺☺
☺☺
☺☺
☺☺
☺☺
☺☺
☺☺
☺☺
☺☺
☺☺
☺☺
☺☺
☺☺
☺☺
☺☺
☺☺
☺☺
☺☺
☺☺
☺☺
☺☺
☺☺
☺☺
☺☺
☺☺
☺☺
☺☺
☺☺
☺☺
☺☺
☺☺
☺☺
☺☺
☺☺
☺☺
☺☺

☺☺
☺☺
☺☺
☺☺
☺☺
☺☺
☺☺
☺☺
☺☺
☺☺
☺☺
☺☺
☺☺
☺☺
☺☺
☺☺
☺☺
☺☺
☺☺
☺☺
☺☺
☺☺
☺☺
☺☺
☺☺
☺☺
☺☺
☺☺
☺☺
☺☺
☺☺
☺☺
☺☺
☺☺
☺☺
☺☺
☺☺
☺☺
☺☺
☺☺
☺☺
☺☺
☺☺
☺☺
☺☺
☺☺
☺☺
☺☺
☺☺
☺☺
☺☺
☺☺
☺☺

☺☺☺
☺☺☺
☺☺☺
☺☺☺
☺☺☺
☺☺☺
☺☺☺
☺☺☺
☺☺☺
☺☺☺
☺☺☺
☺☺☺
☺☺☺
☺☺☺
☺☺☺
☺☺☺
☺☺☺
☺☺☺
☺☺☺
☺☺☺
☺☺☺
☺☺☺
☺☺☺
☺☺☺
☺☺☺
☺☺☺
☺☺☺
☺☺☺
☺☺☺
☺☺☺
☺☺☺
☺☺☺
☺☺☺
☺☺☺
☺☺☺
☺☺☺
☺☺☺
☺☺☺
☺☺☺
☺☺☺
☺☺☺
☺☺☺
☺☺☺
☺☺☺
☺☺☺
☺☺☺
☺☺☺
☺☺☺
☺☺☺
☺☺☺
☺☺☺
☺☺☺
☺☺☺
☺☺☺

☺☺
☺☺
☺☺
☺☺
☺☺
☺☺
☺☺
☺☺
☺☺
☺☺
☺☺
☺☺
☺☺
☺☺
☺☺
☺☺
☺☺
☺☺
☺☺
☺☺
☺☺
☺☺
☺☺
☺☺
☺☺
☺☺
☺☺
☺☺
☺☺
☺☺
☺☺
☺☺
☺☺
☺☺
☺☺
☺☺
☺☺
☺☺
☺☺
☺☺
☺☺
☺☺
☺☺
☺☺
☺☺
☺☺
☺☺
☺☺
☺☺
☺☺
☺☺
☺☺
☺☺

☺☺
☺☺
☺☺
☺☺
☺☺
☺☺
☺☺
☺☺
☺☺
☺☺
☺☺
☺☺
☺☺
☺☺
☺☺
☺☺
☺☺
☺☺
☺☺
☺☺
☺☺
☺☺
☺☺
☺☺
☺☺
☺☺
☺☺
☺☺
☺☺
☺☺
☺☺
☺☺
☺☺
☺☺
☺☺
☺☺
☺☺
☺☺
☺☺
☺☺
☺☺
☺☺
☺☺
☺☺
☺☺
☺☺
☺☺
☺☺
☺☺
☺☺
☺☺
☺☺

☺☺
☺☺
☺☺
☺☺
☺☺
☺☺
☺☺
☺☺
☺☺
☺☺
☺☺
☺☺
☺☺
☺☺
☺☺
☺☺
☺☺
☺☺
☺☺
☺☺
☺☺
☺☺
☺☺
☺☺
☺☺
☺☺
☺☺
☺☺
☺☺
☺☺
☺☺
☺☺
☺☺
☺☺
☺☺
☺☺
☺☺
☺☺
☺☺
☺☺
☺☺
☺☺
☺☺
☺☺
☺☺
☺☺
☺☺
☺☺
☺☺
☺☺
☺☺
☺☺
☺☺

☺☺
☺☺
☺☺
☺☺
☺☺
☺☺
☺☺
☺☺
☺☺
☺☺
☺☺
☺☺
☺☺
☺☺
☺☺
☺☺
☺☺
☺☺
☺☺
☺☺
☺☺
☺☺
☺☺
☺☺
☺☺
☺☺
☺☺
☺☺
☺☺
☺☺
☺☺
☺☺
☺☺
☺☺
☺☺
☺☺
☺☺
☺☺
☺☺
☺☺
☺☺
☺☺
☺☺
☺☺
☺☺
☺☺
☺☺
☺☺
☺☺
☺☺
☺☺
☺☺
☺☺

☺☺
☺☺
☺☺
☺☺
☺☺
☺☺
☺☺
☺☺
☺☺
☺☺
☺☺
☺☺
☺☺
☺☺
☺☺
☺☺
☺☺
☺☺
☺☺
☺☺
☺☺
☺☺
☺☺
☺☺
☺☺
☺☺
☺☺
☺☺
☺☺
☺☺
☺☺
☺☺
☺☺
☺☺
☺☺
☺☺
☺☺
☺☺
☺☺
☺☺
☺☺
☺☺
☺☺
☺☺
☺☺
☺☺
☺☺
☺☺
☺☺
☺☺
☺☺
☺☺
☺☺
☺☺
☺☺
☺☺

☺☺
☺☺
☺☺
☺☺
☺☺
☺☺
☺☺
☺☺
☺☺
☺☺
☺☺
☺☺
☺☺
☺☺
☺☺
☺☺
☺☺
☺☺
☺☺
☺☺
☺☺
☺☺
☺☺
☺☺
☺☺
☺☺
☺☺
☺☺
☺☺
☺☺
☺☺
☺☺
☺☺
☺☺
☺☺
☺☺
☺☺
☺☺
☺☺
☺☺
☺☺
☺☺
☺☺
☺☺
☺☺
☺☺
☺☺
☺☺
☺☺
☺☺
☺☺
☺☺
☺☺

☺☺☺
☺☺☺
☺☺☺
☺☺☺
☺☺☺
☺☺☺
☺☺☺
☺☺☺
☺☺☺
☺☺☺
☺☺☺
☺☺☺
☺☺☺
☺☺☺
☺☺☺
☺☺☺
☺☺☺
☺☺☺
☺☺☺
☺☺☺
☺☺☺
☺☺☺
☺☺☺
☺☺☺
☺☺☺
☺☺☺
☺☺☺
☺☺☺
☺☺☺
☺☺☺
☺☺☺
☺☺☺
☺☺☺
☺☺☺
☺☺☺
☺☺☺
☺☺☺
☺☺☺
☺☺☺
☺☺☺
☺☺☺
☺☺☺
☺☺☺
☺☺☺
☺☺☺
☺☺☺
☺☺☺
☺☺☺
☺☺☺
☺☺☺
☺☺☺
☺☺☺
☺☺☺
☺☺☺
☺☺☺
☺☺☺
☺☺☺

☺☺
☺☺
☺☺
☺☺
☺☺
☺☺
☺☺
☺☺
☺☺
☺☺
☺☺
☺☺
☺☺
☺☺
☺☺
☺☺
☺☺
☺☺
☺☺
☺☺
☺☺
☺☺
☺☺
☺☺
☺☺
☺☺
☺☺
☺☺
☺☺
☺☺
☺☺
☺☺
☺☺
☺☺
☺☺
☺☺
☺☺
☺☺
☺☺
☺☺
☺☺
☺☺
☺☺
☺☺
☺☺
☺☺
☺☺
☺☺
☺☺
☺☺
☺☺
☺☺
☺☺
☺☺
☺☺
☺☺
☺☺
☺☺
☺☺

☺☺
☺☺
☺☺
☺☺
☺☺
☺☺
☺☺
☺☺
☺☺
☺☺
☺☺
☺☺
☺☺
☺☺
☺☺
☺☺
☺☺
☺☺
☺☺
☺☺
☺☺
☺☺
☺☺
☺☺
☺☺
☺☺
☺☺
☺☺
☺☺
☺☺
☺☺
☺☺
☺☺
☺☺
☺☺
☺☺
☺☺
☺☺
☺☺
☺☺
☺☺
☺☺
☺☺
☺☺
☺☺
☺☺
☺☺
☺☺
☺☺
☺☺
☺☺
☺☺
☺☺
☺☺

☺☺
☺☺
☺☺
☺☺
☺☺
☺☺
☺☺
☺☺
☺☺
☺☺
☺☺
☺☺
☺☺
☺☺
☺☺
☺☺
☺☺
☺☺
☺☺
☺☺
☺☺
☺☺
☺☺
☺☺
☺☺
☺☺
☺☺
☺☺
☺☺
☺☺
☺☺
☺☺
☺☺
☺☺
☺☺
☺☺
☺☺
☺☺
☺☺
☺☺
☺☺
☺☺
☺☺
☺☺
☺☺
☺☺
☺☺
☺☺
☺☺
☺☺
☺☺
☺☺
☺☺
☺☺
☺☺
☺☺

☺☺
☺☺
☺☺
☺☺
☺☺
☺☺
☺☺
☺☺
☺☺
☺☺
☺☺
☺☺
☺☺
☺☺
☺☺
☺☺
☺☺
☺☺
☺☺
☺☺
☺☺
☺☺
☺☺
☺☺
☺☺
☺☺
☺☺
☺☺
☺☺
☺☺
☺☺
☺☺
☺☺
☺☺
☺☺
☺☺
☺☺
☺☺
☺☺
☺☺
☺☺
☺☺
☺☺
☺☺
☺☺
☺☺
☺☺
☺☺
☺☺
☺☺
☺☺
☺☺
☺☺

☺☺
☺☺
☺☺
☺☺
☺☺
☺☺
☺☺
☺☺
☺☺
☺☺
☺☺
☺☺
☺☺
☺☺
☺☺
☺☺
☺☺
☺☺
☺☺
☺☺
☺☺
☺☺
☺☺
☺☺
☺☺
☺☺
☺☺
☺☺
☺☺
☺☺
☺☺
☺☺
☺☺
☺☺
☺☺
☺☺
☺☺
☺☺
☺☺
☺☺
☺☺
☺☺
☺☺
☺☺
☺☺
☺☺
☺☺
☺☺
☺☺
☺☺
☺☺
☺☺

☺☺
☺☺
☺☺
☺☺
☺☺
☺☺
☺☺
☺☺
☺☺
☺☺
☺☺
☺☺
☺☺
☺☺
☺☺
☺☺
☺☺
☺☺
☺☺
☺☺
☺☺
☺☺
☺☺
☺☺
☺☺
☺☺
☺☺
☺☺
☺☺
☺☺
☺☺
☺☺
☺☺
☺☺
☺☺
☺☺
☺☺
☺☺
☺☺
☺☺
☺☺
☺☺
☺☺
☺☺
☺☺
☺☺
☺☺
☺☺
☺☺
☺☺
☺☺
☺☺
☺☺

☺☺
☺☺
☺☺
☺☺
☺☺
☺☺
☺☺
☺☺
☺☺
☺☺
☺☺
☺☺
☺☺
☺☺
☺☺
☺☺
☺☺
☺☺
☺☺
☺☺
☺☺
☺☺
☺☺
☺☺
☺☺
☺☺
☺☺
☺☺
☺☺
☺☺
☺☺
☺☺
☺☺
☺☺
☺☺
☺☺
☺☺
☺☺
☺☺
☺☺
☺☺
☺☺
☺☺
☺☺
☺☺
☺☺
☺☺
☺☺
☺☺
☺☺
☺☺
☺☺
☺☺
☺☺

☺☺
☺☺
☺☺
☺☺
☺☺
☺☺
☺☺
☺☺
☺☺
☺☺
☺☺
☺☺
☺☺
☺☺
☺☺
☺☺
☺☺
☺☺
☺☺
☺☺
☺☺
☺☺
☺☺
☺☺
☺☺
☺☺
☺☺
☺☺
☺☺
☺☺
☺☺
☺☺
☺☺
☺☺
☺☺
☺☺
☺☺
☺☺
☺☺
☺☺
☺☺
☺☺
☺☺
☺☺
☺☺
☺☺
☺☺
☺☺
☺☺
☺☺
☺☺
☺☺
☺☺

☺☺
☺☺
☺☺
☺☺
☺☺
☺☺
☺☺
☺☺
☺☺
☺☺
☺☺
☺☺
☺☺
☺☺
☺☺
☺☺
☺☺
☺☺
☺☺
☺☺
☺☺
☺☺
☺☺
☺☺
☺☺
☺☺
☺☺
☺☺
☺☺
☺☺
☺☺
☺☺
☺☺
☺☺
☺☺
☺☺
☺☺
☺☺
☺☺
☺☺
☺☺
☺☺
☺☺
☺☺
☺☺
☺☺
☺☺
☺☺
☺☺
☺☺
☺☺
☺☺
☺☺

☺☺
☺☺
☺☺
☺☺
☺☺
☺☺
☺☺
☺☺
☺☺
☺☺
☺☺
☺☺
☺☺
☺☺
☺☺
☺☺
☺☺
☺☺
☺☺
☺☺
☺☺
☺☺
☺☺
☺☺
☺☺
☺☺
☺☺
☺☺
☺☺
☺☺
☺☺
☺☺
☺☺
☺☺
☺☺
☺☺
☺☺
☺☺
☺☺
☺☺
☺☺
☺☺
☺☺
☺☺
☺☺
☺☺
☺☺
☺☺
☺☺
☺☺
☺☺
☺☺
☺☺

☺☺
☺☺
☺☺
☺☺
☺☺
☺☺
☺☺
☺☺
☺☺
☺☺
☺☺
☺☺
☺☺
☺☺
☺☺
☺☺
☺☺
☺☺
☺☺
☺☺
☺☺
☺☺
☺☺
☺☺
☺☺
☺☺
☺☺
☺☺
☺☺
☺☺
☺☺
☺☺
☺☺
☺☺
☺☺
☺☺
☺☺
☺☺
☺☺
☺☺
☺☺
☺☺
☺☺
☺☺
☺☺
☺☺
☺☺
☺☺
☺☺
☺☺
☺☺
☺☺
☺☺

☺☺
☺☺
☺☺
☺☺
☺☺
☺☺
☺☺
☺☺
☺☺
☺☺
☺☺
☺☺
☺☺
☺☺
☺☺
☺☺
☺☺
☺☺
☺☺
☺☺
☺☺
☺☺
☺☺
☺☺
☺☺
☺☺
☺☺
☺☺
☺☺
☺☺
☺☺
☺☺
☺☺
☺☺
☺☺
☺☺
☺☺
☺☺
☺☺
☺☺
☺☺
☺☺
☺☺
☺☺
☺☺
☺☺
☺☺
☺☺
☺☺
☺☺
☺☺
☺☺
☺☺
☺☺
☺☺

☺☺
☺☺
☺☺
☺☺
☺☺
☺☺
☺☺
☺☺
☺☺
☺☺
☺☺
☺☺
☺☺
☺☺
☺☺
☺☺
☺☺
☺☺
☺☺
☺☺
☺☺
☺☺
☺☺
☺☺
☺☺
☺☺
☺☺
☺☺
☺☺
☺☺
☺☺
☺☺
☺☺
☺☺
☺☺
☺☺
☺☺
☺☺
☺☺
☺☺
☺☺
☺☺
☺☺
☺☺
☺☺
☺☺
☺☺
☺☺
☺☺
☺☺
☺☺
☺☺
☺☺

☺☺
☺☺
☺☺
☺☺
☺☺
☺☺
☺☺
☺☺
☺☺
☺☺
☺☺
☺☺
☺☺
☺☺
☺☺
☺☺
☺☺
☺☺
☺☺
☺☺
☺☺
☺☺
☺☺
☺☺
☺☺
☺☺
☺☺
☺☺
☺☺
☺☺
☺☺
☺☺
☺☺
☺☺
☺☺
☺☺
☺☺
☺☺
☺☺
☺☺
☺☺
☺☺
☺☺
☺☺
☺☺
☺☺
☺☺
☺☺
☺☺
☺☺
☺☺
☺☺
☺☺

☺☺
☺☺
☺☺
☺☺
☺☺
☺☺
☺☺
☺☺
☺☺
☺☺
☺☺
☺☺
☺☺
☺☺
☺☺
☺☺
☺☺
☺☺
☺☺
☺☺
☺☺
☺☺
☺☺
☺☺
☺☺
☺☺
☺☺
☺☺
☺☺
☺☺
☺☺
☺☺
☺☺
☺☺
☺☺
☺☺
☺☺
☺☺
☺☺
☺☺
☺☺
☺☺
☺☺
☺☺
☺☺
☺☺
☺☺
☺☺
☺☺
☺☺
☺☺
☺☺
☺☺
☺☺
☺☺

☺☺
☺☺
☺☺
☺☺
☺☺
☺☺
☺☺
☺☺
☺☺
☺☺
☺☺
☺☺
☺☺
☺☺
☺☺
☺☺
☺☺
☺☺
☺☺
☺☺
☺☺
☺☺
☺☺
☺☺
☺☺
☺☺
☺☺
☺☺
☺☺
☺☺
☺☺
☺☺
☺☺
☺☺
☺☺
☺☺
☺☺
☺☺
☺☺
☺☺
☺☺
☺☺
☺☺
☺☺
☺☺
☺☺
☺☺
☺☺
☺☺
☺☺
☺☺
☺☺
☺☺

☺☺
☺☺
☺☺
☺☺
☺☺
☺☺
☺☺
☺☺
☺☺
☺☺
☺☺
☺☺
☺☺
☺☺
☺☺
☺☺
☺☺
☺☺
☺☺
☺☺
☺☺
☺☺
☺☺
☺☺
☺☺
☺☺
☺☺
☺☺
☺☺
☺☺
☺☺
☺☺
☺☺
☺☺
☺☺
☺☺
☺☺
☺☺
☺☺
☺☺
☺☺
☺☺
☺☺
☺☺
☺☺
☺☺
☺☺
☺☺
☺☺
☺☺
☺☺
☺☺
☺☺

☺☺☺
☺☺☺
☺☺☺
☺☺☺
☺☺☺
☺☺☺
☺☺☺
☺☺☺
☺☺☺
☺☺☺
☺☺☺
☺☺☺
☺☺☺
☺☺☺
☺☺☺
☺☺☺
☺☺☺
☺☺☺
☺☺☺
☺☺☺
☺☺☺
☺☺☺
☺☺☺
☺☺☺
☺☺☺
☺☺☺
☺☺☺
☺☺☺
☺☺☺
☺☺☺
☺☺☺
☺☺☺
☺☺☺
☺☺☺
☺☺☺
☺☺☺
☺☺☺
☺☺☺
☺☺☺
☺☺☺
☺☺☺
☺☺☺
☺☺☺
☺☺☺
☺☺☺
☺☺☺
☺☺☺
☺☺☺
☺☺☺
☺☺☺
☺☺☺
☺☺☺
☺☺☺
☺☺☺

☺☺☺
☺☺☺
☺☺☺
☺☺☺
☺☺☺
☺☺☺
☺☺☺
☺☺☺
☺☺☺
☺☺☺
☺☺☺
☺☺☺
☺☺☺
☺☺☺
☺☺☺
☺☺☺
☺☺☺
☺☺☺
☺☺☺
☺☺☺
☺☺☺
☺☺☺
☺☺☺
☺☺☺
☺☺☺
☺☺☺
☺☺☺
☺☺☺
☺☺☺
☺☺☺
☺☺☺
☺☺☺
☺☺☺
☺☺☺
☺☺☺
☺☺☺
☺☺☺
☺☺☺
☺☺☺
☺☺☺
☺☺☺
☺☺☺
☺☺☺
☺☺☺
☺☺☺
☺☺☺
☺☺☺
☺☺☺
☺☺☺
☺☺☺
☺☺☺
☺☺☺
☺☺☺
☺☺☺
☺☺☺

☺☺
☺☺
☺☺
☺☺
☺☺
☺☺
☺☺
☺☺
☺☺
☺☺
☺☺
☺☺
☺☺
☺☺
☺☺
☺☺
☺☺
☺☺
☺☺
☺☺
☺☺
☺☺
☺☺
☺☺
☺☺
☺☺
☺☺
☺☺
☺☺
☺☺
☺☺
☺☺
☺☺
☺☺
☺☺
☺☺
☺☺
☺☺
☺☺
☺☺
☺☺
☺☺
☺☺
☺☺
☺☺
☺☺
☺☺
☺☺
☺☺
☺☺
☺☺
☺☺
☺☺
☺☺
☺☺
☺☺
☺☺

☺☺
☺☺
☺☺
☺☺
☺☺
☺☺
☺☺
☺☺
☺☺
☺☺
☺☺
☺☺
☺☺
☺☺
☺☺
☺☺
☺☺
☺☺
☺☺
☺☺
☺☺
☺☺
☺☺
☺☺
☺☺
☺☺
☺☺
☺☺
☺☺
☺☺
☺☺
☺☺
☺☺
☺☺
☺☺
☺☺
☺☺
☺☺
☺☺
☺☺
☺☺
☺☺
☺☺
☺☺
☺☺
☺☺
☺☺
☺☺
☺☺
☺☺
☺☺
☺☺
☺☺

☺☺
☺☺
☺☺
☺☺
☺☺
☺☺
☺☺
☺☺
☺☺
☺☺
☺☺
☺☺
☺☺
☺☺
☺☺
☺☺
☺☺
☺☺
☺☺
☺☺
☺☺
☺☺
☺☺
☺☺
☺☺
☺☺
☺☺
☺☺
☺☺
☺☺
☺☺
☺☺
☺☺
☺☺
☺☺
☺☺
☺☺
☺☺
☺☺
☺☺
☺☺
☺☺
☺☺
☺☺
☺☺
☺☺
☺☺
☺☺
☺☺
☺☺
☺☺
☺☺
☺☺

☺☺☺

☺☺☺

☺☺☺

☺☺☺

☺☺☺

☺☺☺

☺☺☺

☺☺☺

☺☺☺

☺☺☺

☺☺☺

☺☺☺

☺☺☺

☺☺☺

☺☺☺

☺☺☺

☺☺☺

☺☺☺

☺☺☺

☺☺☺

☺☺☺

☺☺☺

☺☺☺

☺☺☺

☺☺☺

☺☺☺

☺☺☺

☺☺☺

☺☺☺

☺☺☺

☺☺☺

☺☺☺

☺☺☺

☺☺☺

☺☺☺

☺☺☺

☺☺☺

☺☺☺

☺☺☺

☺☺☺

☺☺☺

☺☺☺

☺☺☺

☺☺☺

☺☺☺

☺☺☺

☺☺☺

☺☺☺

☺☺☺

☺☺☺

☺☺☺

☺☺☺

☺☺☺

☺☺☺

☺☺☺

☺☺☺

☺☺
☺☺
☺☺
☺☺
☺☺
☺☺
☺☺
☺☺
☺☺
☺☺
☺☺
☺☺
☺☺
☺☺
☺☺
☺☺
☺☺
☺☺
☺☺
☺☺
☺☺
☺☺
☺☺
☺☺
☺☺
☺☺
☺☺
☺☺
☺☺
☺☺
☺☺
☺☺
☺☺
☺☺
☺☺
☺☺
☺☺
☺☺
☺☺
☺☺
☺☺
☺☺
☺☺
☺☺
☺☺
☺☺
☺☺
☺☺
☺☺
☺☺
☺☺
☺☺
☺☺
☺☺
☺☺

☺☺
☺☺
☺☺
☺☺
☺☺
☺☺
☺☺
☺☺
☺☺
☺☺
☺☺
☺☺
☺☺
☺☺
☺☺
☺☺
☺☺
☺☺
☺☺
☺☺
☺☺
☺☺
☺☺
☺☺
☺☺
☺☺
☺☺
☺☺
☺☺
☺☺
☺☺
☺☺
☺☺
☺☺
☺☺
☺☺
☺☺
☺☺
☺☺
☺☺
☺☺
☺☺
☺☺
☺☺
☺☺
☺☺
☺☺
☺☺
☺☺
☺☺
☺☺
☺☺
☺☺
☺☺

☺☺
☺☺
☺☺
☺☺
☺☺
☺☺
☺☺
☺☺
☺☺
☺☺
☺☺
☺☺
☺☺
☺☺
☺☺
☺☺
☺☺
☺☺
☺☺
☺☺
☺☺
☺☺
☺☺
☺☺
☺☺
☺☺
☺☺
☺☺
☺☺
☺☺
☺☺
☺☺
☺☺
☺☺
☺☺
☺☺
☺☺
☺☺
☺☺
☺☺
☺☺
☺☺
☺☺
☺☺
☺☺
☺☺
☺☺
☺☺
☺☺
☺☺
☺☺
☺☺
☺☺

☺☺
☺☺
☺☺
☺☺
☺☺
☺☺
☺☺
☺☺
☺☺
☺☺
☺☺
☺☺
☺☺
☺☺
☺☺
☺☺
☺☺
☺☺
☺☺
☺☺
☺☺
☺☺
☺☺
☺☺
☺☺
☺☺
☺☺
☺☺
☺☺
☺☺
☺☺
☺☺
☺☺
☺☺
☺☺
☺☺
☺☺
☺☺
☺☺
☺☺
☺☺
☺☺
☺☺
☺☺
☺☺
☺☺
☺☺
☺☺
☺☺
☺☺
☺☺
☺☺
☺☺

☺☺
☺☺
☺☺
☺☺
☺☺
☺☺
☺☺
☺☺
☺☺
☺☺
☺☺
☺☺
☺☺
☺☺
☺☺
☺☺
☺☺
☺☺
☺☺
☺☺
☺☺
☺☺
☺☺
☺☺
☺☺
☺☺
☺☺
☺☺
☺☺
☺☺
☺☺
☺☺
☺☺
☺☺
☺☺
☺☺
☺☺
☺☺
☺☺
☺☺
☺☺
☺☺
☺☺
☺☺
☺☺
☺☺
☺☺
☺☺
☺☺
☺☺
☺☺
☺☺
☺☺
☺☺
☺☺
☺☺

☺☺
☺☺
☺☺
☺☺
☺☺
☺☺
☺☺
☺☺
☺☺
☺☺
☺☺
☺☺
☺☺
☺☺
☺☺
☺☺
☺☺
☺☺
☺☺
☺☺
☺☺
☺☺
☺☺
☺☺
☺☺
☺☺
☺☺
☺☺
☺☺
☺☺
☺☺
☺☺
☺☺
☺☺
☺☺
☺☺
☺☺
☺☺
☺☺
☺☺
☺☺
☺☺
☺☺
☺☺
☺☺
☺☺
☺☺
☺☺
☺☺
☺☺
☺☺
☺☺
☺☺
☺☺
☺☺
☺☺
☺☺
☺☺
☺☺
☺☺
☺☺
☺☺
☺☺
☺☺
☺☺
☺☺
☺☺
☺☺
☺☺

☺☺
☺☺
☺☺
☺☺
☺☺
☺☺
☺☺
☺☺
☺☺
☺☺
☺☺
☺☺
☺☺
☺☺
☺☺
☺☺
☺☺
☺☺
☺☺
☺☺
☺☺
☺☺
☺☺
☺☺
☺☺
☺☺
☺☺
☺☺
☺☺
☺☺
☺☺
☺☺
☺☺
☺☺
☺☺
☺☺
☺☺
☺☺
☺☺
☺☺
☺☺
☺☺
☺☺
☺☺
☺☺
☺☺
☺☺
☺☺
☺☺
☺☺
☺☺
☺☺
☺☺

☺☺
☺☺
☺☺
☺☺
☺☺
☺☺
☺☺
☺☺
☺☺
☺☺
☺☺
☺☺
☺☺
☺☺
☺☺
☺☺
☺☺
☺☺
☺☺
☺☺
☺☺
☺☺
☺☺
☺☺
☺☺
☺☺
☺☺
☺☺
☺☺
☺☺
☺☺
☺☺
☺☺
☺☺
☺☺
☺☺
☺☺
☺☺
☺☺
☺☺
☺☺
☺☺
☺☺
☺☺
☺☺
☺☺
☺☺
☺☺
☺☺
☺☺
☺☺
☺☺
☺☺
☺☺
☺☺
☺☺

☺☺☺
☺☺☺
☺☺☺
☺☺☺
☺☺☺
☺☺☺
☺☺☺
☺☺☺
☺☺☺
☺☺☺
☺☺☺
☺☺☺
☺☺☺
☺☺☺
☺☺☺
☺☺☺
☺☺☺
☺☺☺
☺☺☺
☺☺☺
☺☺☺
☺☺☺
☺☺☺
☺☺☺
☺☺☺
☺☺☺
☺☺☺
☺☺☺
☺☺☺
☺☺☺
☺☺☺
☺☺☺
☺☺☺
☺☺☺
☺☺☺
☺☺☺
☺☺☺
☺☺☺
☺☺☺
☺☺☺
☺☺☺
☺☺☺
☺☺☺
☺☺☺
☺☺☺
☺☺☺
☺☺☺
☺☺☺
☺☺☺
☺☺☺
☺☺☺
☺☺☺
☺☺☺
☺☺☺
☺☺☺
☺☺☺
☺☺☺
☺☺☺

☺☺
☺☺
☺☺
☺☺
☺☺
☺☺
☺☺
☺☺
☺☺
☺☺
☺☺
☺☺
☺☺
☺☺
☺☺
☺☺
☺☺
☺☺
☺☺
☺☺
☺☺
☺☺
☺☺
☺☺
☺☺
☺☺
☺☺
☺☺
☺☺
☺☺
☺☺
☺☺
☺☺
☺☺
☺☺
☺☺
☺☺
☺☺
☺☺
☺☺
☺☺
☺☺
☺☺
☺☺
☺☺
☺☺
☺☺
☺☺
☺☺
☺☺
☺☺
☺☺
☺☺
☺☺
☺☺
☺☺
☺☺
☺☺
☺☺

☺☺☺
☺☺☺
☺☺☺
☺☺☺
☺☺☺
☺☺☺
☺☺☺
☺☺☺
☺☺☺
☺☺☺
☺☺☺
☺☺☺
☺☺☺
☺☺☺
☺☺☺
☺☺☺
☺☺☺
☺☺☺
☺☺☺
☺☺☺
☺☺☺
☺☺☺
☺☺☺
☺☺☺
☺☺☺
☺☺☺
☺☺☺
☺☺☺
☺☺☺
☺☺☺
☺☺☺
☺☺☺
☺☺☺
☺☺☺
☺☺☺
☺☺☺
☺☺☺
☺☺☺
☺☺☺
☺☺☺
☺☺☺
☺☺☺
☺☺☺
☺☺☺
☺☺☺
☺☺☺
☺☺☺
☺☺☺
☺☺☺
☺☺☺
☺☺☺
☺☺☺
☺☺☺
☺☺☺
☺☺☺
☺☺☺
☺☺☺

☺☺
☺☺
☺☺
☺☺
☺☺
☺☺
☺☺
☺☺
☺☺
☺☺
☺☺
☺☺
☺☺
☺☺
☺☺
☺☺
☺☺
☺☺
☺☺
☺☺
☺☺
☺☺
☺☺
☺☺
☺☺
☺☺
☺☺
☺☺
☺☺
☺☺
☺☺
☺☺
☺☺
☺☺
☺☺
☺☺
☺☺
☺☺
☺☺
☺☺
☺☺
☺☺
☺☺
☺☺
☺☺
☺☺
☺☺
☺☺
☺☺
☺☺
☺☺
☺☺
☺☺

☺☺☺
☺☺☺
☺☺☺
☺☺☺
☺☺☺
☺☺☺
☺☺☺
☺☺☺
☺☺☺
☺☺☺
☺☺☺
☺☺☺
☺☺☺
☺☺☺
☺☺☺
☺☺☺
☺☺☺
☺☺☺
☺☺☺
☺☺☺
☺☺☺
☺☺☺
☺☺☺
☺☺☺
☺☺☺
☺☺☺
☺☺☺
☺☺☺
☺☺☺
☺☺☺
☺☺☺
☺☺☺
☺☺☺
☺☺☺
☺☺☺
☺☺☺
☺☺☺
☺☺☺
☺☺☺
☺☺☺
☺☺☺
☺☺☺
☺☺☺
☺☺☺
☺☺☺
☺☺☺
☺☺☺
☺☺☺
☺☺☺
☺☺☺
☺☺☺
☺☺☺
☺☺☺

☺☺
☺☺
☺☺
☺☺
☺☺
☺☺
☺☺
☺☺
☺☺
☺☺
☺☺
☺☺
☺☺
☺☺
☺☺
☺☺
☺☺
☺☺
☺☺
☺☺
☺☺
☺☺
☺☺
☺☺
☺☺
☺☺
☺☺
☺☺
☺☺
☺☺
☺☺
☺☺
☺☺
☺☺
☺☺
☺☺
☺☺
☺☺
☺☺
☺☺
☺☺
☺☺
☺☺
☺☺
☺☺
☺☺
☺☺
☺☺
☺☺
☺☺
☺☺
☺☺
☺☺

☺☺
☺☺
☺☺
☺☺
☺☺
☺☺
☺☺
☺☺
☺☺
☺☺
☺☺
☺☺
☺☺
☺☺
☺☺
☺☺
☺☺
☺☺
☺☺
☺☺
☺☺
☺☺
☺☺
☺☺
☺☺
☺☺
☺☺
☺☺
☺☺
☺☺
☺☺
☺☺
☺☺
☺☺
☺☺
☺☺
☺☺
☺☺
☺☺
☺☺
☺☺
☺☺
☺☺
☺☺
☺☺
☺☺
☺☺
☺☺
☺☺
☺☺
☺☺
☺☺
☺☺
☺☺

☺☺
☺☺
☺☺
☺☺
☺☺
☺☺
☺☺
☺☺
☺☺
☺☺
☺☺
☺☺
☺☺
☺☺
☺☺
☺☺
☺☺
☺☺
☺☺
☺☺
☺☺
☺☺
☺☺
☺☺
☺☺
☺☺
☺☺
☺☺
☺☺
☺☺
☺☺
☺☺
☺☺
☺☺
☺☺
☺☺
☺☺
☺☺
☺☺
☺☺
☺☺
☺☺
☺☺
☺☺
☺☺
☺☺
☺☺
☺☺
☺☺
☺☺
☺☺
☺☺
☺☺

☺☺
☺☺
☺☺
☺☺
☺☺
☺☺
☺☺
☺☺
☺☺
☺☺
☺☺
☺☺
☺☺
☺☺
☺☺
☺☺
☺☺
☺☺
☺☺
☺☺
☺☺
☺☺
☺☺
☺☺
☺☺
☺☺
☺☺
☺☺
☺☺
☺☺
☺☺
☺☺
☺☺
☺☺
☺☺
☺☺
☺☺
☺☺
☺☺
☺☺
☺☺
☺☺
☺☺
☺☺
☺☺
☺☺
☺☺
☺☺
☺☺
☺☺
☺☺
☺☺
☺☺
☺☺
☺☺

☺☺
☺☺
☺☺
☺☺
☺☺
☺☺
☺☺
☺☺
☺☺
☺☺
☺☺
☺☺
☺☺
☺☺
☺☺
☺☺
☺☺
☺☺
☺☺
☺☺
☺☺
☺☺
☺☺
☺☺
☺☺
☺☺
☺☺
☺☺
☺☺
☺☺
☺☺
☺☺
☺☺
☺☺
☺☺
☺☺
☺☺
☺☺
☺☺
☺☺
☺☺
☺☺
☺☺
☺☺
☺☺
☺☺
☺☺
☺☺
☺☺
☺☺
☺☺
☺☺
☺☺

☺☺☺
☺☺☺
☺☺☺
☺☺☺
☺☺☺
☺☺☺
☺☺☺
☺☺☺
☺☺☺
☺☺☺
☺☺☺
☺☺☺
☺☺☺
☺☺☺
☺☺☺
☺☺☺
☺☺☺
☺☺☺
☺☺☺
☺☺☺
☺☺☺
☺☺☺
☺☺☺
☺☺☺
☺☺☺
☺☺☺
☺☺☺
☺☺☺
☺☺☺
☺☺☺
☺☺☺
☺☺☺
☺☺☺
☺☺☺
☺☺☺
☺☺☺
☺☺☺
☺☺☺
☺☺☺
☺☺☺
☺☺☺
☺☺☺
☺☺☺
☺☺☺
☺☺☺
☺☺☺
☺☺☺
☺☺☺
☺☺☺
☺☺☺
☺☺☺☺☺☺☺☺☺☺☺☺☺☺☺☺☺☺☺☺☺☺☺☺☺☺☺F

Made in United States
Troutdale, OR
08/30/2023

12495220R00197